はじめに

　新学習指導要領の移行措置が始まりました。2020 年には教科書が改訂され、いよいよ新しい教育が始まります。

　今回の学習指導要領のポイントは、「資質・能力」の育成であり、そのための「主体的・対話的で深い学び」の実現です。では、「深い学び」とはどのような学びのことなのでしょうか。

　学びの深さを測ることは難しいことです。「今日の授業の学びの深さは……これぐらいでしたね」などという議論は成り立ちません。どこまでが深い学びで、どこからが深くない学びなのか、線を引くことはまずできないでしょう。

　しかし、単純に考えて「浅い学び」はある程度イメージすることができます。例えば、教師に言われたままのことをそのままやっている子供。知識の断片を丸暗記するような機械的な勉強、これはもはや「学び」とも言わないのかもしれませんが。そこには、子供の意欲や主体性が感じられません。これが深い学びではないことは分かります。

　本書は、国語科「読むこと」の実践を通して、授業に即して「深い学び」について考えようという提案のもとにつくられました。「深い学び」の実現のために何を、どのように考え、授業実践していけばよいのでしょう。

　まず、教師の側で考えなければならないことは何でしょうか。子供にいかに目的意識や課題意識をもたせるか、どのような力を付けるための授業か、個に応じるための手立てをどのように準備しておくか……。

　一方で子供の側に立って、「深い学び」を考えてみましょう。これから展開する言語活動に必然性や必要感があるか、活動の見通しがもてているか、今までに身に付けた言葉の力をどのように発揮できそうか、どのような新たな学びがあると期待できるか……。

　「深い学び」を成立させるのは子供自身です。子供の学びの過程そのものが充実することこそ、それがすなわち「深い学び」を実現させることであると考えます。

　本書は、国語の教科書に掲載されている多くの文学作品や説明文を取り上げながら、具体的に「深い学び」の実現に向けた実践を紹介しています。

　本書をもとに、共に考えていきましょう。「深い学び」の実現に向かって。子供たちのために。

2018 年 8 月

全国国語授業研究会　会長　青木伸生

もくじ

Ⅰ章
提案授業
―写真と授業記録で見る「深い学び」をうむ国語授業

提案授業 5 年〈文学〉
「大造じいさんとがん」 ……………………………………… 8

提案授業 6 年〈説明文〉
「笑うから楽しい」 ……………………………………………… 16

座談会 ……………………………………………………………… 24

Ⅱ章
定番教材で考える
「深い学び」をうむ国語授業づくり

---

1 年〈文学〉
「たぬきの糸車」 ………………………………………………… 38
単元名：ものがたりのおもしろさをしょうかいしよう

1 年〈説明文〉
「いろいろなふね」 ……………………………………………… 44
単元名：いろいろなのりものカードをつくろう

2 年〈文学〉
「お手紙」 ………………………………………………………… 50
単元名：『ふたりはともだち』の世界を味わおう

2 年〈説明文〉
「たこのすみ　いかのすみ」 …………………………………… 56
単元名：違いを比べてまとめよう

3年〈文学〉
「モチモチの木」 62
単元名：中心人物の変容の謎を探ろう

3年〈文学〉
「おにたのぼうし」 68
単元名：心の動きを想像して、人物のなりきり日記や人物への手紙を書こう

3年〈説明文〉
「すがたをかえる大豆」 74
単元名：せつめいのくふうについて話し合おう

4年〈文学〉
「ごんぎつね」 80
単元名：前話をつくろう

4年〈文学〉
「世界でいちばんやかましい音」 86
単元名：おもしろさのひみつをさぐろう

4年〈説明文〉
「ウミガメの命をつなぐ」 92
単元名：「ウミガメの命をつなぐ」ここがおもしろい

5年〈文学〉
「大造じいさんとガン」 98
単元名：表現効果の解説書を作ろう―表現の効果はどれくらい？―

5年〈文学〉
「注文の多い料理店」 104
単元名：物語のおもしろさの秘密を解説しよう

5年〈説明文〉
「和の文化を受けつぐ──和菓子をさぐる」 ……………………………… 110
単元名：「和の文化」について調べて説明会を開こう

6年〈文学〉
「海の命」 ………………………………………………………………… 116
単元名：登場人物の関係を捉え、人物の生き方について話し合おう

6年〈文学〉
「きつねの窓」 …………………………………………………………… 122
単元名：ファンタジーを楽しもう

6年〈説明文〉
「『鳥獣戯画』を読む」 ……………………………………………… 128
単元名：高畑勲さんの工夫を自分の表現に生かそう

Ⅰ章

提案授業
―写真と授業記録で見る「深い学び」をうむ国語授業

5年（文学）

提案授業
「大造じいさんとがん」

単元名：表現の効果を読もう
授業者：青木伸生（筑波大学附属小学校）

児童：筑波大学附属小学校5年

1．「深い学び」とは

　「読むこと」における「深い学び」とは、子どもがそれまでに身に付けてきた読み方の知識や技能を更新し続ける営みそのものをさす。その過程で思考力・判断力・表現力が育つ。こうした「深い学び」成立のためには、子どもが自ら自分の読み方を自覚し、読む対象や自分自身の読む行為に対する課題意識が必要で、それがすなわち主体的な学びである。また、自分の読み方がそれでよいのかをモニタリングするためには、他者との交流は不可欠で、それが対話的な学びとなる。
　子どもは常に自分自身の学びを更新しながら新しい学びをつくり続けている。子どもの学びに様々な刺激を与える場が授業である。

2．教材分析

　『大造じいさんとがん』は、長年教科書に掲載され続けてきた、いわゆる定番の学習材である。だからこそ、この作品を読むことを通して、子どもの読みの力をより高めたい。
　そのために、この作品の次のような特徴を生かして、子どもたちの学びをつくりたい。
・起承転結のはっきりした作品構成で、中心人物である大造じいさんの変容が分かりやすく描かれている。
・がんを捕らえるために、作戦を立てては残雪にしてやられるという、くり返し構造をもち、長文ではあるが、内容の流れを把握しやすい作品である。
・多様な情景描写によって、場面の様子や人物の心情の移り変わりが想像できる、文学らしい文学作品。

3．単元計画

第一次　・通読し、気付いたことをノートにメモする。（第1時）
　　　　・時、場、人物などを押さえ、文章全体の構造を捉える。（第2時）本時
・子どもの気付きを拾いながら、作品の構成に意識を向けていく。
・その他の観点については、今後の課題として残す。
・作品の構成を板書で目に見えるように示す。

第二次　クライマックス場面をもとに、中心人物の変容を捉える。（第3〜6時）
・クライマックス場面とクライマックスを読み分ける。
・中心人物である大造じいさんの、残雪に対する見方が変わったことを押さえる。

第三次　色彩語に着目し、その効果を捉え、自分の表現に生かす。（第7時）
・作品のなかで使われている色彩語を見つけ、その効果について話し合う。
・自作する詩に色彩語を取り入れ、その意味や表現の工夫について感想を交流する。

■ 導入

1. 前時の復習

―教科書本文が印刷されたプリントを配布。4ページ分がひと目で見渡せるように配置されている。プリントには前時の学習事項の書き込みがされている―

青木 それでは、まずは音読始め。

―プリントを見ながら、児童が各自音読―

青木 はい、やめ。ノートを見直してください。この前は、自分の力で読んで、まとめましたね。それを見直してください。

―各自でノートを見直して、前時の復習をする―

■ 展開

2. 作品の構造を明らかにする

青木 今日からこの物語を読むのに、このことは大事だろうな、ということを一つ選んでください。
児童たち えー!
児童 一つだけ?
児童 大事なことたくさん書いたからなあ!
青木 そんなに大事だと思うこと、いっぱい書けたの?
児童 はい! いっぱい書けました!
青木 じゃあ、優先順位を1、2、3ぐらいつけて。
児童 2が二つとかは?
青木 2が二つ、いいんじゃない?

―児童たちは、ノートを見返しながら優先順位をつけていく―

青木 さあ、今日全ては発表できないだろうけれど、自分が印を付けた優先順位、上から順に教えてくれる人?

―半数程度が挙手。ほぼ全員が挙手するまで待つ―

青木 はい、どうぞ。
児童 生活童話。
青木 この物語は、「生活童話」。間違いないですか?
児童たち はい!
青木 生活童話って、なんですか?

解説

本時は2時間目に当たる。1時間目では、個人で通読し、作品について気付いたことなどを各々ノートにまとめている。
本時では、その学習活動を踏まえた上で、展開していく。

解説

ここまでの学習で、作品の構造に関わる用語について学んでおり、地ならしができている。話題を焦点化する為、絞って発表させた。

解説

既習事項として、お話の種類は、
ファンタジー：現実→非現実→現実
で書かれている。
メルヘン→すべて非現実のお話。
生活童話→現実世界でのお話。
ということを学習している。

―10人程度が挙手。黒板の左隅に「生活童話」と板書―

青木　はい。
児童　現実で起きる可能性のあることを書いた童話。
青木　なるほど。他の人、どうぞ。
児童　現実だけを書いた童話。
青木　なるほど。では、生活童話じゃないお話は、どんな種類があったかな？
児童　2種類ある！
児童　ファンタジー！！
青木　ファンタジー。あと一つは？

―大多数の児童が挙手。当ててもらおうと元気にアピールする―

青木　どうぞ。
児童　メルヘン。
青木　この話には、非現実がなく、基本的に生活場面が書かれているから生活童話だね。では、視点はどこ？
児童　多分だけど、一人称視点。
児童たち　えー！！
青木　一人称視点。「えー」というのは、なに？

―口々に「ちがう」とつぶやきながら、半数が挙手―

児童　三人称限定視点。
青木　三人称限定視点ってなに？　ペアで確認してみて。

―ペアで確認。ところどころで、「わかった！」の声―

青木　はい、教えてくれる人？

―半数程度が挙手―

児童　「わたし」と「あなた」以外の人。
青木　語り手が「ぼく」「わたし」なら一人称視点。語り手が「あなた」なら？
児童たち　二人称視点。
青木　それ以外は、三人称視点。限定視点の「限定」というのは何？
　　　誰に限定されているの？

―半数以上が挙手―

児童　大造じいさん。
青木　大造じいさんに、語りの視点が限定されていますね。

―「三人称限定視点」と板書―

Ⅰ　提案授業―写真と授業記録で見る「深い学び」をうむ国語授業

10

青木　では、他に大事だと思うことはありますか？

―半数程度が挙手―

児童　中心人物が大造じいさん。
青木　中心人物が大造じいさん。間違いない？
児童たち　はい。
児童　対人物は残雪。
青木　これはみなさん、納得？
児童たち　はい！
青木　大造じいさんが中心人物で、残雪が対人物。

―黒板の右側に「中心人物」、左側に「残雪」「対人物」と板書―

青木　ほかに？
児童　この文章は四つに分かれている。
青木　この物語は四つに分かれているのは、間違いないですか？

―児童たちは、それぞれプリントをめくりながら確認している―

青木　番号で四つに分かれていますね？
児童たち　はい。
青木　1、2、3、4、ありますね？　どう分かれていますか？
児童　1の一番最初から最後までが物語の一年目で、2番が1年目の1年後、2年目の話ってこと。
青木　今、言ってくれたこと分かる？　なぜ、そのように言えるのでしょうか。
　　　どこに、どんなふうに書いているかな？

―半数程度が挙手―

児童　「その翌年も」。
青木　「その翌年も」って書いてあるから、2年目だと分かるのね。
児童　3番は3年目。
青木　3番は3年目？
児童　「このがんは、2年前」って書いてあるから。で、4番がその次の年。
　　　番号で、その年が分かれている。
青木　なるほど。番号でその年が分かれているんだね。

―黒板に場面ごとにまとめていく―

青木　1の場面。最初なんて言葉で始まっているんだっけ？
児童　「今年も」。
青木　はい。2の場面は？

5年〈文学〉「大造じいさんとがん」

児童　「その翌年も」。
青木　それから？
児童　「今年もまた」。
青木　それで？
児童　「ひと冬をこしました」。
青木　1、2、3、4。少なくとも、4年間のストーリーってことね。
児童　ん？　4年間じゃなくね？
児童　約3年じゃない？
青木　それはどこを見て言っているの？
児童　最後の四場面のところに、「残雪は、大造じいさんのおりの中で、ひと冬をこしました」って書いてあって、「来年」とか「翌年」とか書いてないから。
青木　なるほど。ほかに時を表す言葉はないんだっけ？　4の場面に。
児童　「春になると」。
青木　春の場面ということは分かる。ここまではオッケー？
　　　で、起承転結と言っていた人もいたけれど、そういう可能性もあるっていうこと？
　　　まだ分からないことかな？
　　　では、大造じいさんは中心人物ですが、大造じいさんは、最初どういう人物として設定されていますか。

――10人程度が挙手――

青木　手を下ろして。質問を変えます。
　　　なんで大造じいさんが中心人物だと言えるの？

――半数程度が挙手――

青木　隣の人と確かめてください。

――ペア活動――

青木　はい、教えてくれる人？
児童　三人称限定視点で語られている人物だから。
児童　大造じいさんは、最初残雪を「ひきょうなやり方」でやっつけようとしていたけど、最後は「ひきょうなやり方でやっつけたかあないぞ」って思っている。
児童　でもさあ、最初はただ単に残雪をやっつけたかっただけだから、必ず「ひきょうなやり方」を使うとは限らないんじゃない？
児童　1場面で、残雪のことを「いまいましく」思っているってあったから、それが強いと「ひきょうなやり方」になってしまうけど、そうでないかもしれないか

ら、限らないってことじゃない？
青木　最初、大造じいさんは残雪を「いまいましく」思っていた。間違いない？
児童たち　うん！
青木　それを隣の人と確認してみて。

―ペア活動―

青木　みなさん、見つかりましたね。

―「いまいましく思っていました」と板書―

青木　「いまいましく」思っていたからやっつけたかった？これでOK？
児童たち　はい。
青木　これが、どうなったから、大造じいさんは中心人物だと言えるの？
児童　大造じいさんは残雪を「いまいましく」思っていたけど、最後に「ガンの英雄」と思っているから。
青木　やっつけたかったのが、「ガンの英雄」に変わったから。
児童　「いまいましく」思っていたのが、最後「晴れ晴れとした顔つきで見守っていました」ってあって、好きになったんだと思う。
児童　やりきった感じゃない？

―「晴れ晴れとした顔つきで見守っていました」と板書―

青木　だから、中心人物？「ひきょうなやり方」でやっつけようと思っていたのが、思わなくなったってのは？
児童　「ひきょうなやり方でやっつけたかあないぞ」って書いてある。
青木　そう書いてあるね。これが変わったこと。
児童　賛成！
児童　わたしは、残雪を見る視点が変わったと思う。残雪が仲間を守ることをしていただけなのに、大造じいさんは悪いことのように考えてた。
でも、仲間を守っているということが分かって、罪悪感みたいのがでたんじゃない？
児童　でも最後、残雪が仲間を守っていることを認めたのかが分からない。
青木　このあたりはもっと詳しく読まないと分からないかな。
この見方を変えたっていうのは分かるかな？　残雪への見方が変わった。これはいい？

解説

中心人物が大造じいさんであることを確かめるために、冒頭部分の大造じいさんについて確認した。残雪に対する心情が「いまいましい」ということ。それがこの後の展開で大きく変容するために、大造じいさんが中心人物であるということができる。

解説

大造じいさんの変容が、単なる「気持ち」ではないことが大切である。物語のなかで変容するものは気持ちだけではない。
（例）『ごんぎつね』ごんと兵十の関係が変容する。
　　　『大造じいさんとがん』残雪に対する見方・考え方が変容する。
　　　『きつねの窓』「ぼく」の生き方が変容する。
物語の中で変容するものは、発達段階に応じてスケールが大きくなっている。

5年〈文学〉「大造じいさんとがん」

I 提案授業──写真と授業記録で見る「深い学び」をうむ国語授業

児童たち　うん。
児童　大造じいさんは、最初、残雪は仲間を守るいいやつだって分からなくて、悪いやつだと思っていたけど、本当は仲間を守る思いやりのあるいいやつだって気付いて、「ひきょうなやり方」はやめようと思った。
児童　2場面に伏線があって、「大造じいさんは、うまくいったので、会心の笑みをもらしました」ってある。
青木　今の分かるかな？大造じいさんが変わるときに、急に0から100に変わるわけではなくて、だんだん変わっていっているのが書かれているね。
　　　じゃあ、ちょっとずつ変わっていくのを確かめていくんだけど、残雪をやっつけようとして何回しかけをしたのか確認してみよう。作戦を立てて、実行したのは、何回？

──各自プリントを用いて確認──

青木　数えられた人？

──2／3が挙手──

児童　先生、種類ですか？
青木　何回だよ。種類でも分けられるのかな？　1回目はなに？
児童　うなぎつりばり。
青木　うなぎつりばりでいいですか？

──「うなぎつりばり」と板書──

青木　じゃあ、2つ目。隣の人と確かめて。

──ペア活動──

児童　タニシをまいて、りょうじゅうで。
児童　夜の間に近くに小屋を作って、タニシをまいた。
児童　今のは多分、種類で分けたやつで、回数だと、もう一回うなぎつりばりをしかけた。
青木　うなぎつりばりパート2があるってこと？
児童たち　はい。
青木　うなぎつりばりパート1では、何かいいことあった？
児童　がんがとれた。
青木　で、その2があるのね。その2では、もう一羽とれましたか？
児童　とれない！
児童　その次が小屋！
青木　タニシをばらまいたのは、この「翌年」の話でいいで

14

すか？
児童たち　はい！
青木　タニシをばらまいて、小屋で待ったのは、同じ作戦と考えていいですか？
児童たち　はい！
青木　これでなにかとれましたか？
児童たち　とれない！
児童　あとおとりがある。
青木　おとりは３場面だね。まんまと成功しましたか？
児童　逃げ遅れたがんがいて、アクシデントが起きます。
児童　ハヤブサがでてきた！
児童　そして、残雪を手に入れた！
青木　というのが、このお話の流れになっているんだね。こういう作戦を立てていく中で、大造じいさんの考えや気持ちが変わっていく、ということ。そういうことを、これから詳しくみていきましょう。今日はここまでです。

> **解説**
> 本時では、作品の構成を捉えた。
> 一つは、時間の流れを押さえ、数年間のスパンで描かれている作品であること。
> もう一つは、大造じいさんががんを捕らえるために、くり返し作戦を立てて実行しようとしていること。
> こうした作品全体の場面構成を捉えたうえで、精査・解釈に進むことが大切である。

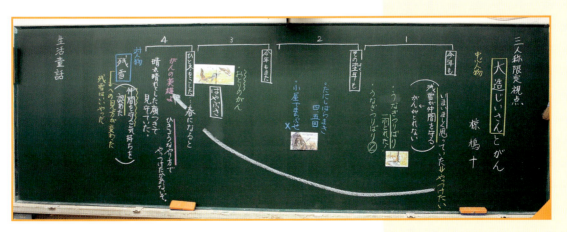

5年〈文学〉「大造じいさんとがん」

提案授業
「笑うから楽しい」
単元名：要旨をまとめよう
授業者：白坂洋一（筑波大学附属小学校）

児童：筑波大学附属小学校6年

1 「深い学び」とは

　説明文における「深い学び」は、子供がこれまで身に付けてきた読みの方略を使って、表現に拓く過程の中で培われる。学びの過程の中で、思考力・判断力・表現力は発揮されるからである。そのために、学びの原動力となる子供たちの「問い意識」は欠かせない。子供は、問いや願望が生まれたときに動き出す。子供たちの中に「～だろうか」といった「問い」や「～したい」といった「願望」が生まれたとき、「学びの必然性」が生じた状態だといえる。だから、子供たちは学ぶ主体となる。そして、そこに関わる教師の役割こそ生きてくるのである。その学びの実現のために着目する教師の役割の一つが「発問」である。子供たちが迷い、混乱する、葛藤する、そういう状態を潜り抜けて、子供たち自らが解を見出していくところに「学び」の価値はある。では、授業でどう具体化していけばよいのか。そこで考えたいのが、発問構成である。子供の思考の文脈を促進する発問構成を、私は以下のように考えている。

〈導入〉①学びを生み出す「きっかけ発問」
〈展開〉②問いを引き出す「誘発発問」　③教科の本質を捉える「焦点化発問」
〈終末〉④学びを定着する「再構成（再考性）発問」

　「ことばの関係性」に着目させる教師の発問が刺激となって、子供の探究がはじまる発問こそ、学びの場を創り出せるといえる。

2 教材分析

　私たちの体と心の密接な関係について、双括型の文章構成で述べている。②段落では、体と心の動きを連動させるのに脳の働きが重要な役割を果たしていることを述べ、③段落では、脳内の血液温度の変化を挙げ、②段落で述べた「脳の役割」についてより科学的に、具体的に読者に説明している。題名に着目すると「楽しいから笑う」ではなく「笑うから楽しい」という、逆説的な題名に筆者の主張があらわれている。

　本実践では、「教材の論理構成」に学びの中心軸を置く。言語活動は「要旨をまとめよう」である。要旨は「筆者の主張＋事例の内容の中心」であることを確認し、「中」の事例の関係性を読む。

3 単元計画

第一次 全文を読み、序論－本論－結論に分けることを通して、筆者の主張を捉える。（第1時）
第二次 本論における中の事例の関係を捉える。（第2時）本時
第三次 要旨をまとめ、交流する。（第3時）

■ 導入

1 前時の復習

白坂 まず全員で立って、音読します。終わったら座ります。どうぞ。

―各自音読。読み終えた児童から着席―

白坂 前回の授業では、「笑うから楽しい」を序論・本論・結論というように三つに分けましたね。どのように分かれましたか？

―半数程度が挙手―

児童 ①が序論で、②と③が本論。④が結論。
白坂 全体は4段落で、①が序論。本論が②と③。そして、結論が④。
それに双括型の文章で、①段落と④段落で筆者の主張はどこかを確かめましたね。

―各段落の構成を板書―

■ 展開

2 事例と主張の関係を理解する

白坂 今日は本論の事例の関係について考えることを通して、要旨をまとめていくよ。

―「◆要旨をまとめよう」と板書―

白坂 要旨って、何？ 隣の人と確認しましょう。

―ペア対話―

白坂 要旨とは何でしたか？
児童 話の要点をまとめたもの。
児童 段落ごとの大事なところ。
児童 筆者の主張をまとめたもの。
白坂 今、要旨について、三つの説明が出てきました。似ているものだから、整理するよ。
各段落の大事なことは「要点」。そして、「要点」をつなげてまとめたものが「要約」。4年生のときに「ウナギのなぞを追って」で学習したね。「要旨」は、5年生のときの「東京スカイツリーのひみつ」で学習し

> **解説**
> 子供たちは、前時に初めて本文と出会っている。前時の学習課題は「筆者の主張は？」である。全文を音読し、序論―本論―結論に分けることを通して、筆者の主張がどこにあるかを明らかにしていった。

解説

本論の段落関係を問うことを通して、③段落の役割に着目できるようにねらっている。②段落で述べた「脳の役割」について、より科学的に、具体的に説明しているのが③段落であることを捉えることができるように意図している。

たね。
児童たち　あー。
白坂　筆者の主張と事例の内容。この二つを使ってまとめたものを要旨と言います。

―「筆者の主張＋事例の内容」と板書―

白坂　前回はみんなで「筆者の主張」をみていったね。だから、今日は要旨をまとめるために、中の事例、②と③段落の関係をみていくよ。この二つはひとまとまりのお話？　それとも別々のお話？

―ペア対話―

白坂　では、この二つが一つの話題でつながっていると思う人？

―20人程度が挙手―

白坂　二つの話題だと思う人？

―10人程度が挙手―

白坂　一つの話題でつながっているという人。どうしてそう考えたの？
児童　③段落のところに、〈血液温度〉について書いてあるけど、これは②段落や③段落に書いてある「表情」のことについてだから、つながって書かれている。
児童　②段落では、笑っていると自然と楽しい気持ちになっていくと書かれていて、③段落では、それは笑うことで血液温度が下がっているからだ、って書いてあるから。
白坂　②段落は表情の話題で、③段落は血液温度の話題だからつながっているよと2人は話してくれました。二つの話題だって人もいたよね？　どうしてそう考えましたか？
児童　②段落では、〈私たちの脳は、体の動きを読み取って〉ってあって、顔の動きや体の動きで嬉しいんだな、笑っているんだなという判断で楽しいっていう感情を引き出す方法が書かれている。そして、③段落では血液温度を低くすることで脳内の血液温度を下げて、心の動きを変える、という二つの方法が書かれているから、二つだと思った。
児童　②段落では、実験の結果が書かれていて、③段落では科学的なことが書かれている。根拠になっているから、つながってないと思う。
白坂　結果と根拠という関係か。一つの話題だという人どう？
児童　②段落でも③段落でも〈楽しい気持ちを引き起こ〉す

とか、〈楽しい気持ちが生じる〉って書いてあって……。
白坂 どっちが引き起こす？
児童 ②段落が引き起こす。③段落が〈楽しい気持ちが生じる〉って書いてあって、笑うから楽しいっていう経緯のところを二つとも示しているから一つじゃないかな。

―児童たちの意見を板書でまとめていく―

児童 ②は表情のことで、③は脳内の血液温度なんだけど、その脳内の血液温度は何によって変わりますかっていうのは、②も③も表情だから。
児童 ②段落で笑顔になると楽しい気持ちになると書いてあって、③段落ではその理由として血液温度のことが書いてあって、結果と理由になっている。
白坂 結果と理由になっている。なるほどね。

―「結果」「理由」とそれぞれ板書―

児童 ③段落で〈表情によって〉気持ちが変わるって書いてある。そして、②段落でも表情によって気持ちが変わることが書いてある。二つとも表情によって気持ちが変わるって書いてあるから、②も③も同じ。
白坂 なるほど。二つって人はどう思う？
児童 ②段落では、表情とは顔のことを言っていて、③段落では脳、頭のことを話しているから、同じ話でも別々に分かれるんじゃないかな。
話の内容としては同じでも。

白坂 分かれるんじゃないか、と。別々だと思う人、続けてどうぞ。
児童 確かに両方とも心の動きの決め手について話しているけれど、②段落では心の動きを決めるのは表情を変えるっていう方法が書かれていて、③段落では空気をたくさん取り入れて脳内の温度を下げるって方法が書かれている。別々のことが書かれているんじゃないかと思う。

白坂 整理するよ。話として、この二つはつながっているけれど、②段落は表情、③段落は血液の温度。取り上げているのは違うね。一つ言えるのは、体の外側と中の部分で分かれている。確かに話としてはつながっているけれど、話題としては分かれている。
だったら、もしも②の段落だけだったとしたら説得力は変わりますか。変わらない？
少し考える時間、話し合う時間をとるから、近くの人

６年〈説明文〉「笑うから楽しい」

と考えてみて。

―近くの席の児童同士で話し合う―

白坂　みんなで話すよ。今、②段落だけだったら説得力が変わるか変わらないか話し合ってもらいました。
　　　変わると思う人？

―ほとんどの児童が挙手―

白坂　変わらないと思う人？

―数人の児童が挙手―

白坂　変わらないという人、どうぞ。
児童　③段落はあってもなくてもいいと思う。②段落で、表情から笑っているときには心の動きが変わっているって理由をもう言っているから、③段落がなくたって理由は説明できているし、理由は二つもいらないから。
白坂　②段落だけで理由が分かるから、ということだね。では、二つあった方がいいと言っている人はどうしてかな？
児童　③段落では、〈表情によって呼吸が変化し、脳内の血液温度が変わることも〉って、二つの理由に加えて新しい理由も言っているから。
　　　新しい事実も加えているから、もっと深く関わっているんだよってことを言っている。

白坂　事実に、事実を重ねているってこと？
児童　②段落だけだと結果だけになって、なんで笑顔になるとその気持ちになるのっていう疑問を解決するために、なんでこの結果になるの？っていう理由を書いているから必要。
白坂　この結果になる理由を③段落で説明しているんだよ、と。
児童　②段落は実験で分かったことしか書いてなくて、③段落では科学的に考えているというか、やったことを調べている。
白坂　やったことを科学的に、って分かる？　今のことを説明できる人？

―5人程度が挙手―

児童　②段落で実験というかやったこと、③段落でそれについて科学的な根拠を書いている。

―「実験」「科学的根拠」をそれぞれ板書―

児童　②段落だけだと実験をやってこういう結果が出ましたっていう、それで終わっちゃって、それで何?ってなるから。③段落が必要。

児童　事実を重ねるだけで説得力は上がらないし、その事実を重ねて長々とした文章になったとしたら、読みたくなくなる。

白坂　一つだけでいいじゃないか、と。必要という意見で説明してくれる人?

児童　②段落のところに、〈脳は表情から「今、自分は笑っている」と判断し、〉〈楽しい気持ちを引き起こしていた〉って書いてあるけど、脳はどうやって判断して、楽しい気持ちになるのかって、読んでいる人が分からなくて疑問が生じるけど、③段落に〈たくさんの空気を吸いこむと、脳を流れる血液が冷やされて、楽しい気持ちが生じる〉と書いてあって、理由がないと②段落の文だけじゃ分かりにくい。

白坂　読み手としては、②段落だけでは疑問がわく、と。

―「疑問」と板書―

白坂　このことについて、どう思う?

児童　この文章を読んだときに表情によって気持ちが変わるのは分かるけど、どうして変わるのかは分からなくて、この文章を読んだときに1番知りたいことが③段落に全部入っているから、この③の部分がないと物足りない気がする。

白坂　読む立場だったら、②段落の部分では疑問だけど、③段落の部分に知りたいと思ったことがある。

児童　②段落は実験の結果を表していて、最初に読んだとき、題名の「笑うから楽しい」は「楽しいから笑うんじゃないの?」ってみんな言っていて、その答えが②段落で実験して言ったけど、まだ「笑うから楽しい」の説明ができていなくて、③段落でその理由を述べている。

白坂　「笑うから楽しい」、という題の説明が③段落のところに含まれている。
　　　今の話、なんとなく分かったって人、どれくらいいる?

―10人程度が挙手―

白坂　なるほど。まだあまりはっきりしないって人は?

―20人程度が挙手―

白坂　簡単に言える人はいますか?

6年〈説明文〉「笑うから楽しい」

児童　最初に「笑うから楽しい」っていうタイトルに、「楽しいから笑うんじゃないの?」って言って……。
白坂　そうだね、これは逆じゃないかって言っていたね。
児童　で、それを②段落だけだったら、結果しか言っていなくて、なんで「笑うから楽しい」のか理由を言っていないから、③段落が必要。
児童　②段落では実験をして、楽しいから笑うんじゃなくて、笑うから楽しいんですってことを言っていて、③段落では、なんで笑うから楽しいんだろうっていう読み手の疑問を解決するために説明している。
白坂　③段落では、読み手側の疑問を解決するってことか。

―「読み手側の疑問を解決」と板書―

白坂　読み手側の立場に立つと、②段落のところでは疑問がわいていて、③段落では知りたいという読み手側の疑問を解決している部分がある。だから、題名と併せて考えても、「楽しいから笑う」ではなくて「笑うから楽しい」っていうことを説明するためには、この③段落が必要なんじゃないのかと。
　説得力が変わるという意見が多かったんだけど、③段落があることで、説得力は、高くなるの? 低くなるの?
児童たち　高くなる。
白坂　高くなるのだとしたら、どの部分を高めている? 少し考える時間をあげるから、近くの人と話してごらん。

―近くの児童同士で話し合う―

白坂　どこの説得力を高めていますか?
児童　③段落の〈脳内の血液温度が変わることも、私たちの心の動きを決める大切な要素の一つです〉ってあって、この〈も〉が、大切な要素は②段落にもあって③段落にもありますよってことを示している。だから、②段落目の〈大切な要素〉を付け足している。
白坂　〈も〉っていうのが、②とのつながりを表している。
児童　②段落でも「笑うから楽しい」っていう題名につながると思うんだけど、③段落でも最後の方で〈えがおになって、たくさんの空気を吸いこむと、脳を流れる血液が冷やされて、楽しい気持ちが生じるのです〉ってあって、笑顔になると楽しいっていうのを言えている。
白坂　題名のところを高めていると。
児童　①段落の〈体を動かすことで、心を動かすこともできるのです〉と、④段落の〈体の動きも心の動きに働きかけるのです〉というところ。

解説

「どこの説得力を高めているか」は焦点化発問である。説得力を話題とし、問うことを通して、題名とのつながり、段落相互の関係を捉えることができるようにする。

白坂　この前の話だと、それは筆者が一番言いたい部分、主張だと言ったね。今の主張の部分をもう一度、読んでくれる？

児童　〈体を動かすことで、心を動かすこともできるのです〉。〈体の動きも心の動きに働きかけるのです〉。

白坂　この部分の説得力を高めている。

児童　私も同じような意見なんだけど、真ん中の具体例ってところは筆者の主張の理由を述べているわけだから、そこがあるってことは、筆者の主張の説得力が高まる。

児童　笑顔にして呼吸を変化させるというのが体を動かすということで、そうすると楽しい気持ちが生じますってところが心を動かすということ。

白坂　今日は、本論の段落関係について考えました。③段落があることで説得力が高まるよという話になりました。そこで、どこの説得力が高まるのかというと、一つは題名のところ、そしてもう一つは主張の部分の説得力が高まることが分かりましたね。さらには〈も〉っていうのが、②段落と③段落はつながっていると。

本論の段落関係を見ていくと、結果と理由の関係が根拠となって筆者の主張を支えていることが分かりました。

―「◎要旨をまとめる　主張と事例の内容」と板書―

白坂　要旨をまとめるために、どんな言葉を使えばいいかな？　書き出しの言葉は何がふさわしいですか？

児童　「筆者は……」。

白坂　他には？　四つの段落の中で繰り返されている言葉はない？

児童　「心と体」。

白坂　次の時間にこれらの言葉を使って要旨をまとめましょう。

> **解説**
> ③段落の役割に着目すると、①段落での主張「体の動きと心の動きが」が④段落では「体と心」に抽象化されていること、さらには主張の部分を強調していることを捉えることができる。

要旨のまとめ。子供のノートから

6年〈説明文〉「笑うから楽しい」

座談会
「提案授業に見る『深い学び』」
筑波大学附属小学校 国語研究部

1 提案授業「大造じいさんとがん」を終えて

青木 「読むことにおける深い学び」を、私は、子供が今まで身に付けてきた読みの技能とか読み方を更新し続ける、その学びの過程そのものだと考えています。その学びの過程の中で思考力、判断力、表現力が育っていくということです。「学びの深さ」はなかなか測ることは難しいのですが、逆に「深くない学び」というものは、表面的なというか、一問一答で完結してしまうような学びだと思っています。そこには子供の問題意識がなく、読めと言われたから読んでいる、先生に聞かれたから答えているということであって、深い学びにはなっていかないんだろうというように考えています。

深い学びにつなげるための視点は二つあって、一つは、子供自身の問題意識や、読むための目的意識とか必然性というところが大事だし、それが主体的な学びにつながっていくと思っています。そしてもう一つは、他者との交流の中で、自分が読んできたこういうような読み方はいいのかということを自分の中でモニタリングしていく、対話の中でモニタリングしていくということが大切です。

提案授業では、「大造じいさんとがん」をやりました。「大造じいさんとがん」は非常に長い間教科書に載っている、定番教材、古典教材的なものなので、非常に多くの実践がありますが、意識したのは、新学習指導要領の中で出てきた、「構造と内容の把握」という部分です。大造じいさんが中心人物で、大造じいさんの気持ちの移り変わりを場面ごとに区切って、詳細に読解するという実践は山ほどあると思うので、新しく学習指導要領上に出てきた、「構造と内容の把握」の具体的な方法について考えたいということと、それから、その構造と内容を把握することで、子供が問題意識をもったり、深めていったりするための、出発点としての位置付けとして、授業を行いました。

本時としては、単元全体の2時間目にあたります。1時間目は子供たちが全体を通

読して、自分の今までもっている読み方とか学んでいる学習用語とかを思い出しながら、気付いたことをメモするという時間でした。

　具体的な流れとしては、子供たちはまず、物語全体が生活童話というジャンルであると捉えました。それから、語り手の視点というのも学んでいるので、どういう語り口、どういう視点で語られているかを確認しました。中心人物であるとか、対人物という学習用語も確認し、時を表す言葉に目を付けながら、大造じいさんが、がんを捕らえるために仕込んだ作戦を取り上げていく中で、残雪に対する見方が変わっていくお話だということを確認しました。これから大造じいさんがどのように変容していくのかを詳しく読んでいこう、とこれからに向けて作品の全体像を捉えたという時間でした。

青山　1時間目の「自分で気付いたこと」とは、どのくらい書かせのですか？

青木　気付いたことのメモはいつも箇条書きにさせているので、見開き2ページも書きません。時間も5、6分で書きなさいという感じです。子供たちがよくノートに箇条書きするのは、登場人物と中心人物が誰なのか。また最近は、どんな視点で書かれているかということですね。結構多くの子供がそういう意識で読んでいるので、そのまま箇条書きされています。

青山　この授業で青木先生が、予想していたことは全部出ましたか？また予想外のことはありましたか。

青木　そうですね、基本的には、この時間に出そうと思ったことは、ほぼ板書計画通りに出ていたかなと思います。四つの場面の中で起承転結みたいな流れがあって、それが時の流れと合わせて展開していくとい

うのと、そのなかで大造じいさんが作戦をいろいろしかけていったということが。

青山　大造じいさんの変容についても、大造じいさんが中心人物だといえる証拠の話をしだしたところで結構話していますね。

青木　そうですね。

青山　いまいましく思っていたけど、最後にがんの英雄と思ってるとか、最後は晴れ晴れとした顔付きになっていたとか。好きになったとか、やりきった感と言っている子もいました。残雪を見る視点が変わったと思うとも言っていましたね。

青木　そうですね。学年の発達として、変容するものが、気持ちだけじゃないというのは、4年から5年のはじめに少しだけやっていて、見方が変わるというところまでは出てこなくても、気持ちが変わってるっていうぐらいの押さえでもこの時間はいいのかなとも思っていましたが、最初から見方というのが出ましたね。

弥延　本時の授業のねらいを教えて下さい。

青木　授業のねらいとしては、作品の全体像というのかな、作品の組み立てが捉えられるということかなと思います。それが先程も話した学習指導要領上の構造と内容の把握につながるところかなと。

白坂　本時の授業では、子供たちの問題意識はどこにあったのですか？

青木　物語は変容を捉えるというのが一番大きな柱だということは子供たちもある程度分かっているので、この話の中で変わったのは何かっていうことを、詳しく読んでいこうという意識をもたせるのが大事だと思います。一番変わるのは、人物でいえば中心人物だから、中心人物が大造じいさんで、対人物が残雪でいいのかってことをこれから詳しく読んで確かめていこう、そう

25

青木伸生

いう意識になるのがねらいです。
青山　気付いたことから、これは大事だと思うことを一つ選ばせることが、深い学びにつながる課題づくりになるという点が、まだよく分からないのですが。みんなで追究したいことを一つ挙げるのと、大事なこととは違いますよね。今回、大事だと思うことを一つ選ばせたという意図について教えて下さい。
青木　はい。まず気付きの中身ですが、最初に学習を出発させた4年生の頃は、設定の話、構造の話、内容の話と、いろいろな観点が出てきました。ごんぎつねだったら、「ごんがかわいそう」みたいな感想と、「登場人物はごんと兵十が中心だ」みたいなものとバラバラなわけです。そうすると、それを板書で少しずつ整理しながら、これは内容に関する感想だとか、これは作品の書き方の話だとかという風に、分類整理していくことで、これから詳しく読んでいくためには、ごんがかわいそうというのは、いずれ内容として出てくるかもしれないけども、最初に自分たちが目を付けるところは、もっと違うところに視点があるんだなというのを少しずつ子供たちが学んでいきました。だから「大造じいさんとがん」のこの作品を読んだときには、あまりそういう内容に関することは出てこない。これからみんなが読み深めていくための出発点としてどんな観点が必要かというのが、子供の中である程度できているということがあります。それから、大事だと思うものを一つに絞り込んだのは、子供たちは結構たくさんの箇条書きをしていたので、それをバラバラと発表させると、それはそれでまた思い付きというか、気付いたことの発表会みたいになってしまうから、もうちょっと絞り込みたいっていうねらいがありました。それから、「視点が」とか「見方が変わる」というような話は、この後の展開に向けて課題意識としてもたせるために重要だと思って取り上げました。
青山　みんなで追究していきたいことを問わなくても、「大事だと思うことを一つ選びなさい」でこと足りるのですね。
青木　「みんなで何を勉強したい？」と尋ねると、自分が選んだのが取り上げられずに消えていくという子供が結構いて、みんなでと言いながら、なかなかみんなでの意識にならないのです。結局、だれだれちゃんが言ったのに付き合っていくんだなって。そうではなく、自分はこれが大事だと思うというのを出してもらうということで、自分が選んだものを発表する限りは、こちらとしては受け入れているというか。
青山　一番やりたい第二次の変容にいくためには、土台となる確かめが必要ですよね。中心人物が残雪だと思っている子がいつまでもいたら困る。だから、設定など「構造と内容」の確かめ、兼、これから課

題をつくっていくための本時が重要。深い学びと言っても、揃えがないと話がかみ合わない。

青木 他の登場人物は誰だっけとか、そういうようなことを逆にこちらが外堀を埋めるような確認作業としての投げかけも必要になってくるかなと思います。

弥延 文章全体の構造を捉えるということをねらいにしていて、それが第二次以降どのようにつながっていくのかというところは、だいたい青木先生のお話で分かってきたのですが、先生の中で、ここが授業の中での大きなポイントだったなというところはどこでしたか。

青木 一つは、物語の時間的な経過を押さえることと、それから、主な出来事の流れを確認すること、そこが最低限の枠組みづくりです。その中で、大造じいさんの変容はどこまで踏み込むか、つまり子供からどこまで出てくるかは、子供のノートのメモにも詳しくは書かれていないので、どこまで出てくるかというところでしたね。

弥延 けっこう最後の部分で、詳細な読解には入っていなくても、「いまいましいと思って」とか、細かい描写のところには子供たちは目が向いていましたね。最後、「ガンの英雄よ」とか「晴れ晴れしとした顔付きで見送った」という部分でも、中心人物の大造じいさんの変容みたいなものを捉えて読もうとするような子供たちの姿はあったので、結構読み込んできたのかなと思いました。

青木 逆に言うと、「いまいましいと思って」いたというのをなんとなく子供は思っているけれども、そこから、「晴れ晴れとした」とか「ガンの英雄よ」というところに変容しているというところが、全員が実感として十分には読めていないのだと思い

ます。最初の枠組みを作って、それほんとなの?みたいなところで、「じゃあこれからもう一回確かめていくよ」とか、「もっと深く読んでいこうよ」という投げかけで終わったかなという感じです。

弥延 なんとなくざっくりとした流れとしては捉えているかもしれないけれどもっていうことでしょうか。

青木 はい。構造と内容の把握で枠組みづくりは大事だと思うんだけど、そのときに、詳細な読解がからまないってことはないと思うんですよ。常に、詳細と全体とを行ったり来たりしながら、全体をつかむなかにも、詳細に叙述を拾わなきゃいけない場面もきっとあるので、今は「構造と内容の把握」だからそんなに細かく読まなくていいよっていうのは、逆にありえないのかなと。詳細な読解で精査解釈してても、やっぱりそれは全体とのつながりの中で、言葉にこだわって今この部分というふうに焦点化されるのだと思うので、そこはね、行ったり来たりっていうのが自然な子供の学びかなと思っています。

弥延 自然な子供の学びの流れでいくと、どうしてもやっぱり子供は最後の四場面に向いていくというのも自然な流れだと思うから、子供たちはすごく細かくよく読んでいたなというのも見ていて感じました。

2. 主観と客観の読みのバランスをいかにはかるか

桂 あえて問題提起させていただくと、「文学の体験」みたいな読みが無いなと感じました。「残雪はすごい!」とか。

青木 なるほど。

桂 生活童話や視点など、こうした分析的な学習用語から授業を進めていますよね。子供たちは心の中では思っているで

桂 聖

しょうけど、一人の読者として「こんなところがすごいな」「こんな表現がいいな」など、そういう感想が出ないまま、授業が進んでいく。文章全体の構造と内容では、何が書かれているかは確認されている。でも、文学の授業って、それだけでいいのかなと思いました。一方で、読者の思いだけの主観で進む文学の授業も無しだと思います。客観と主観、この両方が必要だと思います。私だったら、全体の構造を見せたうえで、「どの場面が一番いいなと思う？　いいなと思うところとその理由を話しましょう」のようにして、文章の内容と自分の感想とを関係付けて話せるようにします。その中で「最初はマイナスの気持ちだったのが、プラスになったよ」みたいな意見も出始めて、全体的な構造や気持ちの変化が明らかになっていく。青木先生の「気付いたこと」「大事だなと思うこと」という指示では、こうした主観的な読みが出にくいと思いました。

青木　なるほど。そうですね。問いかけ方がちょっと違うと、もっと主観的な読みにも迫れたということですね。

桂　そうそう。両方必要だと。

青木　そうですね、両方必要だと確かに私も思います。あまりに分析的なものだけで終わってしまうのは、文学の読みではないと思います。

桂　特に、教材との出会いの初期では両方必要だと思うんですけれども、本時は客観的な読みだけですよね。

青木　まあそうですね、今回は。

桂　もう少し主観的な読みが出るような発問や課題や問い返しなどがあった方がいいなと思いました。

白坂　私も同じように思うところがあります。「大造じいさんとがん」の初読段階で「心に残った場面はどこか」を問うと、三と四の場面に意見が集中します。「どうしてそこが心に残ったの？」と問い返すと、三の場面では、残雪が仲間を助け、胸のあたりを紅に染めながらも頭領らしい堂々とした姿を見せるところ。四の場面では、大造じいさんが残雪をおりから放ち、「おおい、がんの英雄よ。俺たちはまた堂々と」と呼びかけるところが挙がります。子供たちはその二つの場面に惹かれますね。さらには、「はじめとおわりで大造じいさんは変わっているか？」と問うと「変わっている」と。「だったら、どう変わってる？」って問い返すと、青木先生の板書にもあったように、「残雪に対する思いが、いまいましいから変わってる」と。私が授業で使用したのは場面分けがされていない教材だったので、まずは場面分けからやっていったんですけれど、読者として、どこが心に残ったかというのを授業の出発点にするのは、私もありかなって考えています。

桂　それって2時間目の話ですか？

白坂 はい2時間目です。1時間目は、場面が分かれていないので、子供に「何年にわたるお話？」ってたずねると、そこで初めて場面分けの必要性が出たのです。

青木 主観と客観、両方必要だというのは間違いなくそう思っています。私の今までの授業づくりからいくと、文学は、客観から入っても子供は主観に触れていくというかね、大造じいさんがどこで変わったんだろうとか、クライマックス見つけようとかっていうような話になったときは、大造じいさんの思いを想像できなければ、クライマックスは見つからないんですよね。だから、客観から攻めても主観は出てくるという手応えがありました。でも、今、桂さんの話を聞いて、子供の素直な反応はまずは主観的な反応が先だよな、とも感じたので、どういうステップで主観と客観を行き来させるかっていうのは、いろいろなやり方があっていいなと思いました。ただ本時は、かなり客観オンリーみたいなところはありましたね。

青山 桂先生は、一番最初に「好きな場面どこ？」って聞くのですか？私は、青木先生のように最低限の押さえをしてから、「どこが好き？」と問う方が噛み合うと思います。これまでの初発の感想では、読み誤りも含めて、みんなが「好き」を言っちゃうところがありましたよね。それよりも、最低限押さえた時点で、これから読み込む前に「好き」を言う方がいいなと。

桂 私の授業の進め方では、挿絵とセンテンスカードを見せます。それがあるから、そんなに話がズレないんですよ。もしもこうした手立てがないと、どこを選べばよいか分からない子供もいるでしょうね。

青木 なるほど。

桂 全体構造がぼんやり見える上で話し合うので、話題がそうズレないんです。

白坂 最低限、全体を押さえたうえで、入っていかないとってことですよね。

弥延 どこまで押さえるかっていうと、場面ですよね。

青山 場面と登場人物の役割、少なくとも「中心人物はだれ」程度の共通のベースがないと、噛み合わない子が出てくる。

白坂 例えば4年生のごんぎつねで「どの場面が心に残った？」と問うと、やはり六の場面になるんですよ、最後の。その中で「中心人物、ごんははじめとおわりで変わってる？」と問うと、二通りの反応が出るんです。一つは、「ごんの気持ちがはじめとおわりで変わってる」。そして、もう一つが「中心人物がごんから兵十に変わってる」。つまり、視点の変化に気付いている。そこを出発点とすることで、教えたいことにも自然と入っていけるのではないかと感じています。共通のベースとして、物語では、場面や人物、時などの設定を押さえるのが大事かなと。

桂 この単元計画では、最終的に主題を捉えることの授業は無いんですよね。（国語部で刊行した『筑波発　読みの系統指導で読む力を育てる』で提案した）主題系列で読む力は、やっぱり、好きなところを見つけながら読むことが1年生レベル。2年生で感想をもつ。そして、5・6年生では主題を捉えられるようにする。主題系列は、このように段階的・系統的になっています。するとやっぱり、作品に出会って、一番いいなと思ったところが、感想だったり主題になったりするんですよね。初発の思いがたぶん、主題になっていく。主題系列の読む力を意識的に育てるためにも、好きなところや作品のいいところなど、文章内容についても出し合うことは大切です。

そこを起点にして、精緻化されて主題になる。また、人物系列の読む力とは、言わば、解釈ですよね。人物の気持ちが変容するということ。主題系列は、「これ、すごくいいな」というような読者の思いが、物語でいう主題につながっていくと考えています。

青木 「読みの系統指導」って七つの系列になっているのだけれども、その七つが独立しているのはなく、主題の系列の積み重ねをするなかで、だんだん積み上がっていくから、初発の感想からぶれが少なくなっていく。高学年で好きなところがどこかってなったときに、やっぱりクライマックス場面とか一番人物の変容がはっきりしてるとか、そういう場面を選べるようになっているということは、主題系列だけでやっているわけではなく、人物の系列をやっているから、主題系列もぶれが少なくなっていくっていうように、それぞれの系列が絡み合って積み上がっていくっていうことがやっぱり大事なんだと思います。それが深い学びをつくっていく、それがイコール深い学びなのではないかなと思っています。

3. 提案授業「笑うから楽しい」を終えて

白坂 まず、読みの系統の捉え方ですが、私は階段でなく「層」として捉えています。木の幹の年輪と同じで、作品構造や視点の読みを身に付けていくことによって、子供たちの読みの「層」はどんどん太く、厚みをもっていくイメージとして捉えています。

そのことを前提として聞いていただけたらと思うのですが、私が説明文で今、目を向けているのは「どう学ぶか」ということです。説明文の活用は二通りあって、「教材の内容や情報の活用」、「教材の論理構成の活用」です。今回は後者を中心軸において実践しました。テーマでもある「深い学び」を考えたとき、今まで子供たちが身に付けた読みの方略を駆使し、表現していく過程の中で培われると考えています。つまり、読み、表現する中で、子供たちの思考力、判断力、表現力は発揮されると。そのために必要なものとして、私は「問い意識」だと考えています。子供は「～ってどうしてだろう」と「問い」が生まれたり、「～したい」という「願望」が生まれたときに動き出す。だからこそ、学びの必然性というのをどう生み出すかっていうことにまずは力を注ぐ必要があると考えています。迷ったり、混乱したり，葛藤したりっていう状況が子供たちの中に生まれ、そこを解決していくプロセスの中に「学び」は存在すると考えています。そこで着眼する1つに次の四つの発問があります。

〈導入〉①学びを生み出す「きっかけ発問」
〈展開〉②問いを引き出す「誘発発問」
③教科の本質をとらえる「焦点化発問」
〈終末〉④学びを定着させる「再構成（再考性）発問」

です。ことばの関係性を見出すためにも、教師の発問というのが一つの刺激となって学びのプロセスは育まれていくのではないかと考えています。

教材についてですが、この教材は心と体が密接に関係していることを双括型で述べた文章です。中の②と③段落では、脳の働きと、脳内の血液温度の変化を関連付けて事例として挙げています。国語部で提案している「読みの系統指導」でいうところの、要旨系列の読む力を実践の中心としています。6年のところに「具体と抽象の関

係から要旨を読む」「要旨と事例の関係」とありますが、そこを意識した実践です。この教材の特徴は、子供たちも言っていましたが、題名にあります。普通だったら「楽しいから笑う」なのに、「笑うから楽しい」となっているところに筆者の主張が表れています。要旨が筆者の主張と事例の内容の中心でまとめられていることを押さえたうえで、特に②と③の段落の関係を読むことを本時で扱いました。ただ、子供の反応として、少し中盤が重くなってしまったと思っています。二つの事例の関係を捉えさせるのに、「事例がもし一つだったら？」、「順序が入れ替わったら？」と発問することで、もう少し早い段階で関係性を見出していけるかなと思ったのですが。ただ、子供たちが「説得力」という点に着眼して、説得力を高めるのに、題名や筆者の主張とのつながりを本時で押さえていくことができました。

青木 白坂先生がこの授業でやりたかったことは、要旨をまとめることでしたか？

白坂 そうです。

桂 そこは本時ではいけませんでしたね。

白坂 その後ノートはまとめたのですが、本時ではいけませんでした。

青木 要旨をまとめるというねらいと、今出てきた、②と③の段落の事例が、一つなのか二つなのか考えるというのは、私の中ではつながらないのだけれど。そこから子供が重くなったというのは、子供にとって、要旨をまとめるというねらいをもっているのに、なぜその発問、なぜそれを考えるんだろうという、子供の思考とのズレがあったからではないのかと思いました。

桂 私は、そもそも、白坂先生の要旨の捉えが違うのではないかと思いました。

白坂 要旨は、筆者の主張と事例の内容の

青山由紀

中心と、二つから成っていると私は捉えています。

本文だと、筆者の主張は①段落と④段落にありますよね。一文目に「私たちの体の動きと心の動きは、密接に関係しています」と言ったうえで、「体を動かすことで、心も動かすことができる」と言っています。そして本論で事例として②段落で脳の働き、③段落で脳内の血液温度の変化を述べています。これらが合わさって要旨となると、私は捉えています。

桂 今話していることは「まとめ」ではないですか？

青山 要旨は④段落の最後ではないですか？

桂 ①段落三文目の体を動かすことで心を動かすこともできるっていうのは事実のまとめ。その事実を②と③段落で説明していて、そしてもう一回、④段落の二文目、ここは①段落と一緒で、事実のまとめ。その事実のまとめを踏まえたうえで、「このことを思い出して、にっこり笑うとよいか

もしれないよ」というが筆者の主張だと考えます。

青山 事実と意見で言うと、最後も意見だと思います。笑うと楽しくなるから、こうするといいよって言いたい。

桂 体を動かすと心を動かすことができるというのは、主張ではなくて、事実。体を動かしたら笑うことを証明するために②と③段落を説明している。

白坂 ということは、先生方の捉えとしては、一番最後の一文が主張ということですね。

桂 そうです。こういう事実があるから、無理矢理にでもにっこり笑おうよ、そうしたら気持ちが楽しくなるよ、やってみようよ、という主張です。

青木 となると要旨は？

桂 私が考えている要旨は、まとめと主張なんですよ。

青山 事実のまとめプラス、それをとおした筆者の考えですね。

桂 「体の動きは心の動きに関係している。だから、あなたもそういうふうにやってみようよ」この二つが要旨。

弥延 つまり、事例の内容は入らないということですね。

桂 例えば「それはどういうこと？」と言われたら、こんな事実があるからってもうちょっと具体的に説明する。

青山 もう少し文字数が多いのであればそこまで入れられる。文字数の制約によって違ってきますね。

　5年生で定義してるのは、内容の中心っていうこと。もっと詳しくいうと、あるいはそれについての筆者の中心となる事柄を捉える、だから、内容の中心のところには事実の文だけじゃだめで、筆者の意見も必要だと。筆者の意見だけ言ってもなにを根拠にこの意見言ってるの？となるから、要するに事実のまとめがないと要旨の文として説得力がないということです。

弥延 意見だけだと根拠がない。

青山 そうそう。文意が通じない。急ににっこり笑うといいよって言われても、事実のまとめと、最低限プラス筆者の考えが要旨なのだと思います。

　要旨の定義が、人によって少し違っているのかもしれないですね。私は子供が持っているから教科書の定義で用語を扱うようにしています。離齬があると子供が混乱しちゃうから。

青木 要旨を捉えようという話と、②と③段落という事例が一つなのか二つなのかっていうのが、だからね。

白坂 要旨を捉えるときに、筆者の主張プラス事例の内容と考えたら、前時では筆者の主張を捉えている。しかし、まだ事例の内容については詳しく読んでいない。だから、本論の事例に目を向けて読んでいこうねっていうところで、本時では②と③段落に焦点を絞ったんです。要旨をどう捉えるかっていうところの違いはありますが。

青木 なるほど。それならわかるね。

青山 最初に読んだとき、子供は「普通は楽しいから笑うのに、これは反対だよ」って思いますよね。そこが子供が動き出すきっかけですよね。「この人、どうしてこんな逆のことを言ってるんだろう」というのがスタートラインです。そしてその答えが段落の最後にある。それを納得させる、あるいは説得するために、具体的な事例が②、③段落に述べられているんです。

4. 読者と筆者、立ち位置で　発問は変わる

桂 授業の進め方はどうでしたか。

弥延　先生、説得力が増すかどうかの話をずっとされていましたね。②段落だけでいいのか、③はいるのかいらないのか。子供たちがあそこを悩むというか、どこに決着していけばいいのかなと思って見ていたのですが、先生としては、色々拡散させたかったのですか？それとも事例の内容ってみたときに、やはり③段落は必要であるっていう捉えにもっていきたかったのですか？

白坂　脳の働きと表情という身体の外側について書かれた②段落が、③段落になると脳内の血液温度という身体の内側の話題に変わってます。②段落を受けて③段落がきています。だから二つの段落の関係性を捉えることを通して、必要であることを捉える。そして、そのことが全部筆者の主張の部分を支えている。その関係をみせるということは、本時の一番したいことではありました。

桂　あの場面はおもしろかったですね。一人の子供（A君）が②段落だけでいいって言い張ってたよね。一人だけ②段落だけでも十分だって言い張ってて、③段落はいらないって。

白坂　もう少しあの部分を膨らませることができたらと思いました。

青山　いるかいらないかっていう議論は収束しない。ひとまず、「筆者はいると思って書いているんだよね」としておいて、「②段落だけでも文章は繋がるのに、③段落がある意味はなんだろう」って問う。いるいらないの議論じゃなく、③はどんな役割を果たしてるのかを考えさせると、みんなが課題に向かえるのではないでしょうか。「いる・いらない」の議論は、だんだん感情的にもなってきます。

桂　説得力や説得という言葉がぴんとこ

白坂洋一

なかったかもしれないですね。

白坂　納得とは違うんですよね。

青山　「理由は②段落一つで十分」と言っている子は読者側に立ってるから、納得度です。でも、先生は説得力と、筆者側に立って話している。その点で、齟齬が生じるのかもしれません。子供は読者側で語っていました。

青木　どちらの立場に立たせて考えさせるか、だね。

弥延　説得だと、筆者としてなぜこの段落を入れたかになるし、納得だと自分は納得するかしないか、一個でいいかどうかっていうことになりますよね。

青山　一個で十分だと思いますっていうふうにね。

桂　説得でもいいと思いますが、その場合は「どの説明が一番説得力がある？」というような学習課題かなと思います。「要旨をまとめよう」、「主張と事例ってこれだけでもいい？」という流れでは、「どこが説得力がある？」という発問がつながらな

弥延浩史

い。どの説明が一番説得力があるかという文脈で話し合っているなら、子供には違和感がないけど。

白坂 課題の二重性ってことですよね。

桂 そうそう。仮に事例と主張をまとめていくことをよいとしても、子供は「説得？ん？」という感じだったと思う。

青木 それは子供の側に立っている、課題設定だよね。

桂 私だったら、説明文授業の原則なんですが、筆者側で落とします。結局、白坂先生がやっていることとあまり変わらないけど、例えば「君はそう考えるんだよね。でも、筆者はどういう気持ちで考えたと思う？」と問い返して、筆者の意図を想像するようにします。それでおしまい。説明が「いる／いらない」という二項対立でずっと話し合うのではなくて、最終的には筆者側で落とします。これは、説明文の授業の原則だと思っています。

青山 あることによって生まれる効果をみんなで考えていくとか、筆者の意図を考えていくほうが適している。

青木 まずはそうだよね。筆者側に立って、なんで事例を三つにしたの？とかね。なぜ②の段落の後ろに③をつけたんだろう。筆者はどんな考えだったんだろう。そこで筆者の意図を受け取って、そのうえで、でも自分は無くてもいいんじゃないのって思うって、次の批評があってもいいとは思うけど。

桂 議論の落としどころをちゃんと作ってあげないといけないよね。「でも、君は読者としてそう思うんだよね」って。「評価はバラバラでいいんだけど、筆者の気持ちはどう思う？」と言って、全員が筆者の意図を確認できたらいいよね。「説得力が高くなるとしたら、どこの部分を高めてると思う？近くの人と1分くらい考えてみて」っていうときに、白坂先生はA君に近づいて言ったよね。「仮にそうだとしたらどこ？」って。「説得力は高くなってない」ってA君は言っているのに、「もしも高くなるとしたら」というように考えるのは難しいよね。「高くない」と言ってるにも関わらず、もう一段階考えを深めていくのは難しいよね。

白坂 もう一段階ていうのは、分かれてるのに、次に重ねちゃったってことですよね。

桂 そうそう。今回の授業は、たまたま一人だったけど、もっと人数が増えていたら、「高めてないと考えているのに、なぜそれを考えなきゃいけないの？」という声になるかもしれませんよね。

5. 子供の思考に寄り添う発問構成

青山 先程白坂先生が提案された導入展開終末の四つの発問は、1単位時間の中の発

問なのか、それとも単元として、何時間の
なかでの四つなのかを教えて下さい。ま
た、本時で白坂先生はどれをきっかけ発問
や誘発発問と位置付けているのかもうかが
いたいです。

白坂 1単位時間で考えています。1時間
の授業の中で、どうしても発問が多くなっ
てしまったり、発問と発問のつながりが弱
くなってしまったりすることがあります。
授業での教師の発問は、大きく四つに分類
できるのではないか、そして、それぞれの
役割に目を向けた発問構成は授業成立のた
めの一要因ではないかと考えています。本
時では、一番最初の「この中の事例はいく
つのことが書かれているか」は、きっかけ
発問です。事例の関係性を問うた「事例が
もし一つだったら」「事例の順序を逆にす
ると」が誘発発問。焦点化発問では「どこ
を高めているのか」と題名や筆者の主張と
のつながりを見出すときの発問がそれにあ
たります。最後は、要旨をまとめるところ
に入っていきたかったんですけど、本時で
はいけませんでした。

青山 四つの発問を1時間の中に入れ込む
のは、少し盛り沢山な感じがします。②段
落と③段落について、子供が考える中で指
導者が想定していない方向に向かっていっ
た場合、四つの発問がかせとなり、子供に
つき合えなくなってしまいそう。無理矢理
③段落について考えさせるよう、ぐいっと
舵を切りたくなる。そうすると結局子供の
学びじゃなく、教師がしたいことの押しつ
けになってしまう。

　四つの発問を全て1時間の中で構成する
と限定せずに、単元というスパンで考えた
ら、無理がなくていいという印象をもちま
した。

青木 子供の中にその言葉が出てきたか

ら、先生がその言葉を使って、次の発問が
作られるということかな。

　子供が言ってないのに、突然、「ここで
これはどう？」みたいに投げかけると、そ
こで子供の思考が途切れたり、子供がやり
たいこととだんだんズレたりしていくのか
なって気はしますね。

桂 重要なのは課題設定だと思います。
授業が進んでいくうちに、ぎゅーっと絞り
込んで深めていくのであれば自然だと思い
ます。

6 まとめ
―「深い学び」にいたる国語授業とは―

青木 そうすると、深い学びとしては、要
旨がうまく書けることが深い学びではない
ということですよね。要旨を書くために、
文章の論理のつながりを見つけ出すとか、
事例の役割を捉えるということが深い学び
につながっているものと考えたということ
ですか？

白坂 本時のねらいとしては、段落相互の
関係について話し合うことを通して、筆者
の主張や論の進め方を読み取り、要旨をま
とめることができるとしています。

青木 結果として何か立派な要旨が書ける
とかではなく、過程の中に深い学びがある
と。

白坂 はい。

青木 そこはみなさんの共通理解でいいで
すかね。

青山 学習過程の中の到達目標に、深い学
びというものがあるわけではないから。

桂 そもそも要旨って、さっきの話にも
あったけど、要旨に関する目的意識が必要
だと思う。なぜ要旨をまとめることが必要
なのか。やっぱり、短時間で内容を把握し
たり伝えたりできること。例えば、この説

明文を、何秒あるいは何字で説明しないといけないいう目的や制約があるから、要旨をまとめることが必要になってくる。それが学びの文脈だと思います。

青山 「笑うから楽しい」なんて、おもしろい話をお家の人に伝えよう。これを短く説明するのに、どうまとめる？というのは、一つの目的になります。

弥延 要旨にするための目的意識ってことですよね。

桂 要旨のために要旨をまとめるのではなくて、何かをするために要旨をまとめるわけで、その何かが明らかになってないと、子供は教師にやらされてる感じがすると思う。学びの文脈の中で、「あ、この文章は双括型だから、こことここを伝えればいい」となる。仮想の目的でもいいから、要旨をまとめる目的の設定は大事だと思います。

青山 子供の探究が始まる発問って書いてあるけど、最後が言語活動になっているから、言語活動にも子供が主体になるようなしかけがほしいかなと思いました。

白坂 言語活動にですか？

青山 そうです。教師がさせたいことと、子供がしたいって思うこととは違うから。
　おもしろいなと思ったことをまとめて、あるいは筆者が最終的に言っていたことを短くまとめて、他の人に説明しようという程度でもよいのでは。

桂 そうですね、それも大事ですね。

青山 子供の思考や目的に合わせた学びの過程で、構成や事例の役割を理解したり、事実と意見を読み分けたりするなど学ばせたいことが網羅され、さらに自分なりの考えをもっていくのだと思います。

青木 今まで出てきた、子供にとっての必要感とか目的意識があるから言語活動が始まって、その言語活動の中で、学びが深まっていくというか、深い学びが作られていくのだと思います。今まで読んで身に付けてきたものを今回当てはめてみて、うまくいったとかうまくいかないからこうしようっていう試行錯誤があって。授業趣旨説明で白坂さんも書いていたと思いますが、今までの学習を生かす、その中で課題意識をもって、学びが進んでいくというところは、文学も説明文も同じなんじゃないかなと思います。それを「なんのために要旨をまとめるのか」という学びの文脈の中に組み込んでいくと、より効果的に子供の深い学びが成立してくるというか、つながっていくのかなと思いながら。

桂 教えるではなくて、学ぶですよね。子供は、自らの学びの文脈の中で、切実に深く学んでいく。このことを肝に銘じておきたいですね。

Ⅱ章

定番教材で考える
「深い学び」をうむ国語授業づくり

たぬきの糸車

単元名：ものがたりのおもしろさをしょうかいしよう

光村図書／1年　　　　　　　　　　　　　　　　林真弓（東京都・杉並区立済美教育センター）

STEP 1 「深い学び」を考える

1. はじめに

　2045 年には人工知能（AI）が人類を超える（シンギュラリティに到達する）可能性があるとする説がある。社会の激しい変化の中で、AIと共存しながらも、人間にしかできないことを今後の学校教育は目指さねばならない。つまり、これまで経験したことのない新しい課題や、正解がひとつではない課題の解決に向けて、あらゆる他者を価値ある存在として尊重し、多様な人々と協働しながら探究していく力が必要とされる。その力を育むための方法として「主体的・対話的で深い学び」がある。

2. 「主体的・対話的で深い学び」の授業とは

　「深い学び」「意味の発生する学び」とはどういうものなのか。上智大学の奈須正裕氏は「その子が所有する知識・経験と関連付く学び」、つまり既習事項や体験に結び付き、身に染みて分かることとしている。そのためにも、まず自ら「問い」をもち、それを自分なりに考え（自己内対話）、ときに、教材・資料と向き合い（ものとの対話）、友達と協同して考え、話し合い（他者との対話）探究していく中で、子供自身を成長させていく授業をつくることだと思う。子どもは、よく「どうして夜は暗いの？」など素朴な疑問をもつ。知りたいことを探究すること自体、楽しいことである。「わたし」が知りたいことを「わたしとあなたで」探究し、自他ともに変容・成長していける学びを目指したい。

STEP 2 教材分析

1. 教材の概要と特性

　この作品は、静岡県出身である岸なみさんが伊豆地方の口承口伝「たぬきのおんがえし」を題材に書かれたものだと言われている。実際に「たぬきのおんがえし」を読んでみると、「たぬきの糸車」がいかに豊かに表現されているかが分かる。「月の光いっぱいに差し込む障子の穴からのぞくくりくりした二つの目玉」などに見られる美しい絵画的な描写、「キーカラカラ　キークルクル……」という糸車の擬音など、読み手のイメージを大いに広げてくれる。このように作品世界に浸りながらも、たぬきやおかみさんの行動や気持ちを共感的に読み取る力も付けていきたい。

2. 教材分析

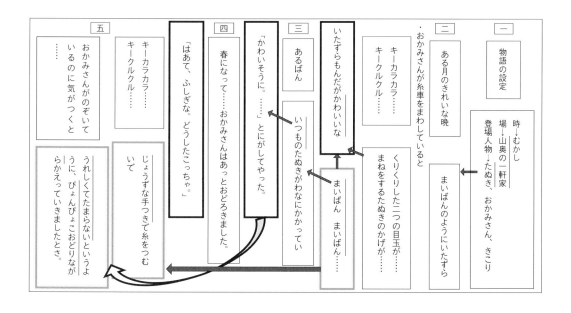

3.「深い学び」につながる授業の設定

教材分析と共に大切なのは、授業をどうつくるかである。三つの要素で考えたい。

右の図のように「教師が学ばせたいこと」＝この単元で付けたい力、「子供が学びたいこと」＝子供が知りたいこと、解決したくなることなど、そして「学ばなければならないこと」＝新学習指導要領の指導事項、この三つをバランスよく設定し、方法である「主体的・対話的で深い学び」を取り入れることが大切である。

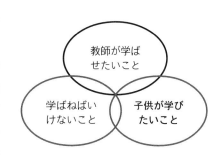

STEP 3 単元を構想する

1. 本単元で身に付けさせたい資質・能力

〈知識・技能〉語のまとまりや言葉の響きなどに気を付けて、音読することができる。
〈思考力、判断力、表現力等〉場面の様子について、登場人物の行動や会話を中心に想像を広げながら読み、友達と自分の考えや感想を交流することができる。
〈学びに向かう力・人間性等〉自分がおもしろいと思った言葉や文章を探し、その理由を話したり書いたりしようとしている。

2．単元名

ものがたりのおもしろさをしょうかいしよう

3．単元の概要

　「たぬきの糸車」は、魅力的な登場人物の行動描写や「キークルクル……」という糸車の回る音がリズミカルで楽しい作品である。子供たちに読み聞かせをすると「楽しい」「おもしろい」という読後感が出てくる。その読後感を大切にして「どこがおもしろいのか？」「どうしておもしろいと思うのか」と根拠と理由を表現させていくことで、思考が生まれる。

　それぞれの場面の様子について登場人物の行動や会話を中心に想像を広げながら読み、後半には「今日のわたしのおもしろポイント」として、自分が見つけたおもしろい言葉や文を探し、その理由をカードに書いていく。つまり、協働と個別が一単位時間の中に保障される。

4．指導のポイント

主体的な学びのポイント　子供の「読後感」から単元のゴールの言語活動を設定する「わたしの見つけたおもしろポイント」を見つけるために、目的意識をもって読む

＊そのためには、「おもしろさとは？」について話し合うことが必要である。

○内容面でのおもしろさ例	○表現のおもしろさ例
・変容のおもしろさ（わなにかけておいて逃がしたこと。） ・たぬきの様子や行動のおもしろさ	・「キーカラカラ……」音の表し方・リズム ・たぬきの行動描写「ふたつの目玉もくるくる……」 ・会話文「はあて。ふしぎな。どうしたこっちゃ。」

対話的な学びのポイント　自分が見つけた「おもしろポイント」なので、友達に知らせたい、友達の考えも聞きたいという思いから交流に必然性を生む

深い学びのポイント　活動重視ではなく、読みとった内容とのつながりを考えて授業を進める。また子供が既有の知識や体験を生かして考えを深めていく

例　「キーカラカラ……」二度あるが同じ音？　二場面の音はおかみさんが回しているけど、四場面はたぬきが回しているから回す人が違う。でも、どっちも一生懸命回しているよね。

5．単元計画　（全8時間）

第一次　**大体の内容をつかみ、読後感をもち、それを基に学習計画を立てる（第1・2時）**

　読み聞かせから読後感を発表し合い、「わたしのおもしろポイント」を見つけるというゴールの言語活動を設定する。また、文章と挿絵を対応させる活動を通して、あらすじを捉える。

〈指導上の留意点〉

◎「おもしろさ」とは単に「おもしろおかしい（Funny）」のではなく、意外性がある、
共感できる、心が動くなどのほか、描写のおもしろさなどがあることを確認する。

第二次 場面の様子について、登場人物の行動や会話を中心に想像を広げ
ながら読む（第3〜7時）

それぞれの場面で、音読や動作化を取り入れながら、場面のできごと・様子・登場人物
の行動・会話に着目して読む。

〈指導上の留意点〉

◎1場面の物語の設定と2場面の最初の一文が重要である。「山おくの一けんや」だから
こそ、たぬきは毎晩訪れるようになったり、「月がきれい」だったからこそ、糸車を回
すたぬきの影が見えたりする（伏線）ことを押さえたい。

第三次 「わたしのおもしろポイント」の中からNo1を選んで紹介し合う（第8時）

それぞれの場面を読み取ったことを基に書いてきた「わたしのおもしろポイント」の中
からNo1を選んで、小グループで紹介し合う。

〈指導上の留意点〉

◎No1を選ぶためには、書き溜めたカードを読み返すことになる。書きっぱなしでなく
自分の活動を振り返りつつ、自らが選ぶことで主体性につながる。

6. 中心となる本時の指導計画（第7時）

	学習活動	指導上の留意点
導入	○帰っていくときのたぬきの様子や気持ちを考える。 ○「『わたしのおもしろポイント』を見つけよう」 　の学習課題を確認し、学習に見通しをもつ。	・前の場面とのつながりを大切にして読むことを意識する。
展開	○帰っていくときのたぬきの様子や気持ちを考える。 ・どんな様子だったのか？ ・どんな気持ちで帰っていったのか？ ○どうしてそんなにうれしかったのか？　についても考える。 ○友達と考えを交流する。	・「うれしくて　たまらない」「ぴょんぴょこおどりながら」 　という言葉に着目させる。 ・ここではある程度多様な意見が出されるが、自分なりの明確な根拠や理由があれば受け入れたい。また、挿絵の表情や色にも気付かせたい。
終末	○今日の「わたしのおもしろポイント」を見つけ、カードに書く。 ○書き終わったら、終わった子供同士で交流し、感想を述べ合う。	・本時で扱う文章は短いため、これまでの場面をつなげたり、自分がうれしかった時の体験と結び付けたりして、理由を考えさせたい。

1年〈文学〉　たぬきの糸車

41

STEP 4 授業イメージ

1. 本時（第7時）の目標

・帰っていくときのたぬきの様子や気持ちを読み取ることができる。
・「わたしのおもしろポイント」を見つけて理由を書くことができる。

2. 深い学びのポイント

帰っていくときのたぬきの様子や気持ちを、叙述を基にして読む。

さらに「どうしてそんなにうれしかったのか」を問うことで、前の場面とのつながりを捉えてより深めることができる。

○わたしのおもしろポイントを見つけよう。

・「ぴょんぴょこ おどりながら」がおもしろい。
・ぼくならうれしくてもおどらないとおもった。よっぽどうれしかったじてんしゃかってもらったときにおどるくらいうれしかったから、たぬきのきもちがわかる。
りゆう

・「ぴょこんと そこにとび下りました。」がおもしろい。
・「ぴょこんと」がたぬきらしくて、かわいいから。
・「ぴょんぴょこ」もたぬきらしくてかわいいとおもう。
りゆう

3. 授業の流れ

1 帰っていくたぬきの様子や気持ちを読む

帰っていくときのたぬきの様子や気持ちが分かる言葉に線を引きましょう。

帰っていくときのたぬきの様子や気持ちを問うことで「うれしくて たまらないというように」「ぴょんぴょこ おどりながら」という言葉に着目することができる。

自分で様子を表す言葉、気持ちを表す言葉を探すことが大切である。

また、線の色を変えることで、視覚的にも意識することができる。

個別⇒ペアで相談・確認⇒全体交流

2 うれしくてたまらなかったわけを考える

どうしてそんなに嬉しかったのかな？
前の場面とつなげてそのわけを考えましょう。

1でたぬきの様子や気持ちを個別→ペア→全体で交流した後で、「どうしてそんなにうれしくてたまらなかったの」と問うことで、この場面だけでなく、これまでの学習をつなげて考えることが必要とされる。

2場面と関連させると「思いっきり糸車を回せたから」3場面と関連させると、「助けてもらったおかみさんに恩返しできてうれしい」などが予想される。そこで対話の必要性が生まれる。

たぬきの糸車

きし なみ

めあて　かえっていくときの　たぬきのようすやきもちをかんがえよう。

○ようす（あおでせんをひく）
・ぴょんぴょこ　おどりながら ←
　たぬきらしい
　とてもうれしそう
　おどりあがるほどうれしい

○きもち【赤でせんをひく】
・うれしくて　たまらない
　うきうきするかんじ
　ほんとうにうれしそうだ

ことばをかえて、くりかえしている

◎たぬきは、どうしてそんなにうれしかったのでしょうか。

・おかみさんにたすけてもらったから、おれいがしたかった（りゆう）
　↓おかみさんにたすけてもらったから
・糸車をおもいっきりまわせて、うれしかったから（りゆう）
　↓二ばんめで、
・じぶんもまわしてうれしかったし、おかみさんにもよろこんでもらえたから（りゆう）
　↓三ばんめで、まいばんまいばん糸車をまわすまねをしていたのであわせてかんがえました
　↓AさんとBさんのいけんをきいて、どちらもいいとおもった

3　2について考えを交流する

どうしてそんなに嬉しかったのかについて考えを交流しましょう。

ペアや、全体交流の中で、同じ考えでも根拠となる言葉や文が違うことや、自分と異なる考えのよさに気付くことができる。

交流を通して、多様な考えに触れ、自己の変容や成長を感じることができる。

また、「どうしてそんなにうれしかったのか」と問うことにより、既習事項とつなげて考え、理由を明確に述べたり書いたりするなかで読みを深める。

4　わたしのおもしろポイントを見つけよう

5の場面でのおもしろポイントを見付けカードに書きましょう。

1から3までは個別の考えを基に、友達との協働の学びの中で、考えを広げたり深めたりしてきた。

ここでは、協働の学びを基にして、「自分はどれを選ぼうか」について考える。

教材との対話・自己内対話を通して、他にはない「自分だけのおもしろポイント」を見つける楽しさに浸ることができる。

いろいろなふね

単元名：いろいろなのりものカードをつくろう
東京書籍／1年

藤田伸一（小学校教員）

STEP 1 「深い学び」を考える

1.「深い学び」とは

「深い学び」とは、子供の姿にどのような変化が起こったことを指すのか、「浅い学び」と比較するとよく見えてくる。浅い学びは、さあっと全文を読んで分かったつもりになっている状態、あるいは一つの考え方に終始して満足してしまっている状態である。

これらの姿と正反対な状態が「深い学び」をしている子供の姿だと考えると、次のような姿が子供の内外に見られたときに、深い学びが成立したと言えるのではないだろうか。

○分かったことを自分の言葉に置き換えて言語化している。
○一つの考えに固執するのではなく、多面的に思考を働かせ、物事を捉えている。

本当に物事の本質を理解した場合には、生活と結び付けられた類推思考を基に、自分の言葉で表現することができる。「なるほど、そういうことだったのか」「こういうことと同じだな」と子供たちが言語化できたときに思考が深まったと言える。

また、ある方向だけを見て分かったつもりになっていたのが、別の角度から見ることによって、さらに対象の捉えが豊かになる瞬間がある。「こんなふうにもなってたんだ」「考えが変わった、ショック」などの発話が生み出され、変革に迫られたときに深い学びに至ったと言ってよいのではないか。

2. 説明文の読みの授業における「深い学び」

では、説明文の学習で、どのような子供の姿が見られたときに「深い学び」が生み出されたと言えるのか、具体的な場面を挙げてみよう。

〈書かれていないことに迫る〉
・書かれている事柄が、知識や経験と結び付いて具体化されたとき
・行間から筆者の意図が見えてきたとき
・言葉や構成から述べ方の工夫が見えたとき
〈筆者や仲間、教師と対話し思考する〉
・筆者の主張を受け止め、それに対する自分の考えを表明できたとき
・仲間や教師との対話によって、自分の考えが変革されたとき

STEP 2 教材分析

1. 教材の概要と特性

　本教材では、「客船」「フェリーボート」「漁船」「消防艇」という４種類の船が紹介される。構成は、はじめ・中・終わりの三部構成になっている。はじめで話題提示がなされ、中で四つの船の事例が並べられ、終わりにまとめが書かれている。最初の段落に各船の役目が説明され、次につくり、最後に機能が述べられる。どの事例も最初に役目がおかれていることとまとめからも、船には様々な役目があり、それに合うようにつくられているということが要旨になっている。事例間の文型がそろっていることと、文と文とのつながりが、因果関係で結び付いていることが大きな特徴である。

2.「深い学び」につながる、働かせたい「見方・考え方」

具体と抽象の関係

　題名にもなっている「いろいろなふね」、そして①段落にも「いろいろなもの」と書かれているように、船には、様々な種類があり、その中から今回は、四つの船が紹介されているというひろい言葉（抽象）とせまい言葉（具体）の関係をつかませたい。

　さらに、「ふね」という一般化された言葉の中に、「きゃくせん」「フェリーボート」「ぎょせん」「しょうぼうてい」が含まれているという包含関係にも目を向けさせるようにしたい。

因果関係

　四つの事例すべてにおいて、「やく目」と「つくり」の因果関係が述べられている。

> きゃくせんは、たくさんの人をはこぶためのふねです。
>
> 　　　だから ↓　　↑ なぜなら　　（だからです）
>
> このふねの中には、きゃくしつやしょくどうがあります。

　文と文の関係を既有の知識や経験と結び付けながら具体化していくことによって、「たくさんの人をはこぶ」から「きゃくしつ」があり、みんなが休めるようになっているということが見えてくる。

まとめの役割

　この文章は、三部構成で書かれている。とくに、まとめの部分で、四つの事例が集約される。４種類の船→「いろいろなふね」、四つの役目→「それぞれのやく目」。この二つの言葉が、「あうようにつくられている」という関係で結ばれる。まとめの役割にも気付かせていきたい。

１年〈説明文〉　いろいろなふね

45

STEP 3 単元を構想する

1. 本教材で身に付けさせたい資質・能力

〈知識・技能〉上位語・下位語の関係や副詞と対象との関係を捉えることができる。

〈思考力、判断力、表現力等〉言葉と言葉、文と文との関係を捉えることができる。

〈学びに向かう力・人間性等〉因果関係を意識しながら科学的読み物を読み、図鑑にまとめて表現しようとする。

2. 単元名

いろいろなのりものカードをつくろう

3. 単元の概要

　四つの船の事例を追いかけることによって、役目とつくりの関係や上位語・下位語の関係を捉えていくようにする。特に、言葉と言葉や文と文との関係に目が向くように、四つの事例を比較させ、共通点を見つけさせていく。そうすることによって、役目とつくりの関係が見えるようになる。また、役目とつくりの関係をしっかりと理解させるために、既有の知識・経験と結び付けながら具体化していく営みを大事にしていきたい。ただ字面だけを追っていても分かったつもりで終わってしまう。

　単元の終盤では、自分が紹介したいのりものを調べ、カードにまとめて発表し合う言語活動を設定する。教科書教材で学んだ役目とつくりの関係を表す言葉や文を使って表現させるようにする。この活動が、言葉と対象との関係がどう表されているのかを捉える活用につながっていくことになる。

4. 指導のポイント

対象と言葉の関係 具体化することによって、対象と言葉との関係を捉える

　おそらくこれら四つの船を実際に見たり乗ったりしたことのある子供は少ないだろう。そのような状況の中で、各船の役目とつくりの関係について理解させていくには、どうしても具体化の作業が必要となる。なぜ客船には、客室や食堂があるのかを既有の知識や経験と言葉や写真を結び付けながら明らかにしていく。

言葉と言葉の関係 入れ替えや挿入で言葉と言葉の関係を捉える

　「いろいろなふね」とは、いったいどの船を指しているのか、各事例に出てくる「このふね」とは、いったいどの船のことをいっているのかを確実に押さえるために、わざと各事例のつくりの部分を入れ替える。また、まとめにつながる「いろいろなふね」を検討する際に、四つの船の写真の中に自動車の写真を混ぜておくようにする。子供たちは、適切

なつながりに直すために、言葉と言葉の関係を見つめ直すことになる。

5. 単元計画（全13時間）

第一次　読み聞かせを聞き、課題意識をもつ（第1〜2時）

　乗り物に関する科学的読み物や教科書教材を読み聞かせる。そうしているうちに子供は、乗り物に興味をもち、どんどん自分から科学的読み物を手にとるようになる。
〈指導上の留意点〉
◎毎日15分くらいずつ読み聞かせるようにする。どんな乗り物があるのか知りたくなるように、身近なものからそうでないものを選んで読み、読書へとつないでいくとよい。

第二次　「いろいろなふね」を読み紹介の仕方をつかむ（第3〜8時）

　四つの事例の役目とつくりの関係を、既有の知識や経験と結び付けて具体化しながら読む。その後に、四つの事例の共通点を見つけたり、まとめの文の役割に迫ったりする。
〈指導上の留意点〉
◎役目とつくりの関係を捉える際には、写真と言葉と既有の知識経験をつなげて考えていくようにする。

第三次　乗り物カードを書き読み合う（第9時〜13時）

　まずは、「いろいろなふね」でやくめ・つくり・できることの三つをカードに整理し、書き方を理解した上で、自分が紹介したい乗り物のカードを書くようにする。
〈指導上の留意点〉
◎大事な文が書き抜けるように、文章とカードを対応させながらつかませる。

6. 中心となる本時の指導計画（第4時）

	学習活動	指導上の留意点
導入	○「ぎょせん」の事例の部分を音読する。 ○似ている書きぶりを見つける。	・前の事例を意識しながら読ませる。 ・「前のに似ている」という子供のつぶやきから課題を生み出すようにする。
展開	○似ている書きぶりの部分に線を引く。 ○役目とつくり、できることのつながりについて考える。	・役目、つくり、できることを色分けして、前の書きぶりと似ていることを押さえる。 ・知識や経験と結び付けて、役目とつくり、できることとの関係に迫らせる。
終末	○「ぎょせん」の事例部分を音読する。 ○写真を指さしながら、役目とつくり、できることとの関係を説明し合う。	・役目、つくり、できることの結び付きを意識しながら音読するようにする。 ・つくりと役目やできることとがつながっているか、お互いに確認させる。

STEP 4 授業イメージ

1. 本時（第4時）の目標

漁船の役目とつくり・できることとの関係を既有の知識や経験と結び付けながら具体化して捉え、分かったことを仲間に説明することができる。

2.「深い学び」ポイント

子供たちは、漁船の存在や役目は知っていたとしても、どんなつくりになっているのか、何を装備しているのかなどはよく分かっていない。さらに、なぜ、むれを見つける機械が備わっているのかということも、よく分かっていない。そこで、対話を仕組み、集団で既有の知識や経験を出し合いながら、魚を捕ることとレーダーとの結び付きを捉える。つまり、言葉と対象との関係に目を向かせていくのである。

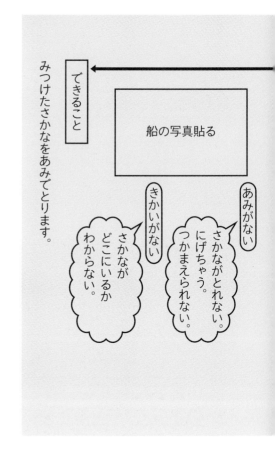

3. 授業の流れ

1 音読＆似ているところさがし

きゃくせんとフェリーボートとくらべながら、読んでみよう

これまでに、子供たちは、「きゃくせん」と「フェリーボート」を詳しく読んできている。音読しながら「まえのとにいる」「また、やくめがでてきた」「つくりもある」とつぶやきはじめるだろう。

「どんなところがにているのかな？これから詳しく読んでいこうね。」と返しながら課題意識をもたせるようにしていく。

2 三つの文の順序を捉える

どうして、「きゃくせん」も「フェリーボート」も「ぎょせん」も同じ順番で書かれてるのかな？

1年生には、大変難しい発問である。しかし、深い学びに向かうには、ぜひとも問いたいところである。

「つくりから始まったらヘン」「さいしょにやくめがあると分かりやすい」などの捉えで十分である。この時期の段階では、あまり突っ込んで理由を聞かないようにしたほうがよいだろう。三つの事例とも文の順序がそろっている美しさを感じさせたいところである。

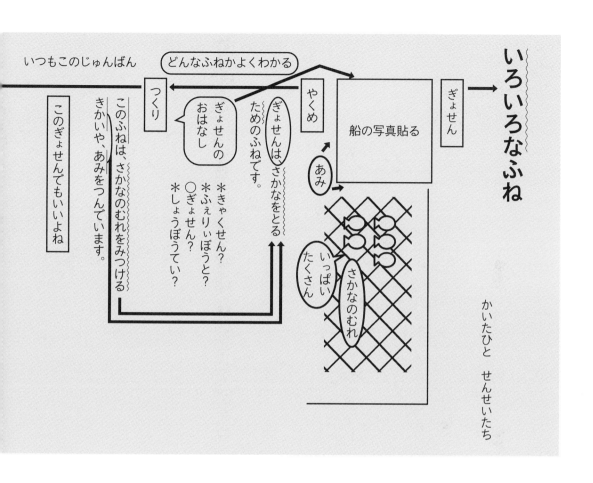

3 漁船の役目とつくりをつなげる

> ぎょせんには、きかいやあみはひつようないよね？

　漁船としての役目を果たすのに欠かせない機械や網について、「いらないよね」とわざととぼけることによって、子供たちになぜ必要なのかを考えるきっかけをつくるようにする。「きかいがないとおさかながどこにいるかわからない」「あみがないとさかなをつかまえられない」。

　役目とつくり、できることを知識や経験と結びながらつないでいくことで、漁船の独自性を捉えることができる。

4 写真と文をつなげて説明する

> このしゃしんでさかなをつかまえられるよね。

　「あみ」と「きかい」のアンテナを取り除いた写真を提示する。「これじゃさかなをつかまえられないよ」、このつぶやきを「どうして？」と返すことによって、役目とつくりの結び付きをしっかりと意識した説明を意欲的にしようとする姿が生み出される。「あみがないからにげちゃうよね」「うん、それにアンテナがないからさかながいるところにいけない」このように、役目とつくりの関係が深まっていく。

お手紙

2年（文学）

単元名：『ふたりはともだち』の世界を味わおう

光村図書・学校図書・東京書籍・三省堂／2年、教育出版／1年

沼田拓弥

（東京都・世田谷区立玉川小学校）

STEP 1 「深い学び」を考える

1. はじめに

　稿者はこれまで「判断をしかけとした学習課題」の着想を用いた「読むこと」の授業実践を継続して行っている。本教材「お手紙」においても小学1年の実践を行い、その成果と課題をまとめている※。低学年という「読むこと」の基礎・基本を培う段階において、他者意識をもち、想像力豊かに読解力を伸ばすことは、小学校6年間の「読みの力」の大きな礎となる。

※拙稿（2016）「『お手がみ』〜『比較』『選択』で思考を深化させる文学の授業〜」「『判断』をうながす文学の授業〜気持ちを直接問わない授業展開〜」三省堂

2.「選択レベル」から「判断レベル」へと読みの力を深める！

　小学1年における実践は、「選択レベル」が中心であった。その実践においても十分深まりのある読みが表出された。今回、同教材を用いて2年生で授業を行うにあたり、「判断レベル」を意識した授業づくりを心掛けることで、より洗練された「深い学び」が生み出させることが期待できると考えた。ここで「選択レベル」「判断レベル」とは何か、その定義を確認する。

> ・「選択レベル」…「判断レベル」の前段階に位置付けられる。自分の立場を明確にすることに重きが置かれる。
> ・「判断レベル」…「選択レベル」の発展であり、自分の立場を明確にするのみならず、もう一方の立場がなぜ不適切であるのかも根拠と理由をもって述べることができる段階。つまり、もう一方の選択肢を「断つ」明確な根拠と理由を考える必要がある。

　ここで述べる「深い学び」とは、選択肢のある学習課題に対して、自分の立場を明確にした上で、交流を行い、最初の考えから変容した（変容しなかった）ことを自覚できる学びであると考える。考えが変容した場合はもちろん、変容しなかった場合も、学習課題に対してどちらの立場にも立って考えたというプロセスが重要になる。授業においては、「○○さんの考えとはちょっと似ているけれど…」や「○○さんの考えも分かるけれど、私は…」といった形で自分と他者を比較する思考が働いている発言が生まれることを期待している。

　学習者の「深い学び」を引き出すには、教師の発問の質が重要になる。今回の提案で

は、「広げる発問」と「深める発問」を用いる。物語の読み方を指導すると同時に、作品のもつ魅力に気付かせるためには、視野を広げる必要がある。そして、多くの視点の中から最も適しているものはどれなのか焦点化を図る。この「広げる→深める」の思考プロセスによって、学習者は「深い学び」を実感できる。

STEP 2 教材分析

1. 教材の概要と特性

「お手紙」は、アーノルド・ローベル『ふたりはともだち』シリーズの作品である。お手紙をもらったことがない「がまくん」を励まそうと頑張る「かえるくん」。そして、「すぐやるぜ」と気合い十分の「かたつむりくん」。三者のユーモアあふれる行動が読者を作品の世界へと引き込む。マイナスからプラスへと大きく心情が変化する様子も分かりやすく、作品のもつ温かさを感じながら物語作品の基礎・基本を学ぶことができる。

2.「深い学び」につながる、働かせたい「見方・考え方」

比較	「比較」することで作品の世界を広げる。例えば、「最初と最後の2人の気持ち」「がまくんとかえるくんの人物像」「かたつむりくんと他の生き物」「郵便ポストを見るかえるくん（1〜3回目）」などが考えられる。「もし○○○だったら…」という学習者のつぶやきを授業につなげていくことで、作品の行間にまで読みを広げることが可能になる。
人物像（主役と脇役）	「お手紙」はシリーズ作品であるという教材の特性を生かすことができる。本教材では、ほぼ並列に書かれている「がまくん」と「かえるくん」であるが、冒頭の<u>「かえるくんがやってきて、言いました。」</u>の記述を根拠に、がまくんの視点から物語が書かれていることが分かる。また、脇役である「かたつむりくん」をどのように扱うのかも重要である。「主役⇔脇役」の関係を探ることで「人物像」に深く迫ることが可能になる。
くりかえしの仕組み	物語には「くりかえし」の仕組みが取り入れられることが多い。1年で学習した「おおきなかぶ」も同様だが、一見、似ているように思えるシーン（同じような言葉が繰り返されている）でも、そこに込められている登場人物の心情は微妙に変化していることが多い。そのおもしろさに気付くことができる指導を心掛けたい。 本教材では、「二人で腰を降ろしているシーン」「かえるくんが何度もポストを確認するシーン」が挙げられる。「これってすべて音読の仕方は同じかな？」と問うだけでも読みはぐっと深まるだろう。

2年〈文学〉お手紙

STEP 3 単元を構想する

1. 本教材で身に付けさせたい資質・能力

〈知識・技能〉物語作品の魅力に迫る「読みの方法」を理解することができる。

〈思考力、判断力、表現力等〉自分と他者の考えを比較し、物語の展開や登場人物の変容・つながりについて、思考を広げ・深めることができる。（C 読む（1）エ）

〈学びに向かう力・人間性等〉「読みの力」を活用し、読書の世界を進んで広げようとする。

2. 単元名

『ふたりはともだち』の世界を味わおう

3. 単元の概要

　本単元は事前学習として第０次を設定する。第０次では読み聞かせを行い、シリーズ作品から「がまくん」「かえるくん」の人物像を広げる。第一次では、他の作品に登場する２人と「お手紙」に登場する２人を比較することで、人物像を深く捉える。第二次では、「判断レベル」の学習課題で、「心情の変化」「脇役の役割」「作品のしかけ」などの「読みの力」を育む。第三次ではもう一度、シリーズ作品に戻り、第二次で身に付けた読みの力を生かして作品を味わう活動を設定する。

4. 指導のポイント

全員参加学習のポイント　「判断」させ、「広げる→深める」思考に導く

　「AorB」という選択式の学習課題を設定することで、全員が意見をもって学習に参加することができる。その際、「深い学び」に踏み込むためには、もう一方の考えを自分はなぜ選択しなかったのかを述べることを心掛けさせるとよい。これらの考えを全体で交流させることで「読みのズレ」が明らかとなり、読み方を認知することができる。

対話的活動のポイント　他者を評価する「学習の振り返り」でつながりをつくる

　授業中の学習者のつながりはもちろんであるが、「学習の振り返り」の記述を通しても他者とのつながりを意識させる。「今日、私が一番なるほど！と思ったのは、○○さん。なぜなら…」という形で、他者を評価する振り返りを取り入れる。

並行読書のポイント　第０次→第三次の読みの変容を自覚させる

　第０次を設定し、読み聞かせを行う。扱う作品は、「学習者に何を読み取らせるか」という指導のねらいによって変化するが、稿者は「よていひょう」「あしたするよ」「クッキー」「おちば」「アイスクリーム」「ぼうし」「なくしたボタン」「すいえい」の八つを扱った。第三次で再度、作品の世界に浸らせ、第二次で身に付けた読みの力を自覚させる。

5．単元計画（全 10 時間）

第０次 読み聞かせで作品の世界を広げる

第一次 シリーズ作品との「比較」で人物像を深める（第 1〜2 時）

　読み聞かせに登場した「がまくん」と「かえるくん」の人物像を共有する。その後、「お手紙」を読み、他の作品との共通点・相違点を明らかにする。

〈指導上の留意点〉

◎「がまくん」「かえるくん」それぞれの人物像を比較することはもちろんだが、この 2 人の「関係性」についても比較させることが大切である。

第二次 「読みの力」を身に付ける（第 3〜7 時）

　「判断をしかけとした学習課題」で、物語作品における「読みの力」を身に付ける授業を展開。「窓から郵便受けを見るかえるくん（3 回）の中で、どのかえるくんが 1 番ドキドキしているか」「手紙を預ける相手はかたつむりくんではない方がよかったのではないか」「もし未来の（手紙をもらった）がまくんが今のがまくんに声をかけるとすれば何と言うか」などの学習課題を扱う。

〈指導上の留意点〉

◎学習課題を通して議論した後、学習者にはどんな「読みの力」が付いたのか自覚させるまとめを行う。

第三次 「読みの力」を生かして、主体的に読みを深める（第 8〜10 時）

　シリーズ作品を用意し、グループ（個人）で作品のおもしろさを紹介する。

〈指導上の留意点〉

◎第二次で学んだ学習用語を使いながら、「他の作品にも『お手紙』に似ている物語のおもしろさはないかな」という視点で読ませる。

6．中心となる本時の指導計画（第 7 時）

	学習活動	指導上の留意点
導入	○学習課題を提示し、個人の考えを明確にする。	・学習課題「手紙を待つ 2 人は、どちらの方が楽しみな気持ちが大きいか」
展開	○自由交流後、全体交流を行い、物語の変化を読み取る。	・全体交流では、ベン図を用いながら板書で意見を整理する。その後、「2 人の楽しみの共通点・相違点は何か」という「深める発問」を追加する。
終末	○今日の学習を振り返る。 ・1 番納得した友達の意見について。 ・身に付けた「読みの力」について。	・他者への評価、身に付けた「読みの力（知識・技能）」を明確にして、次の授業に生かすことができるまとめとする。

2 年〈文学〉　お手紙

53

STEP 4 授業イメージ

1. 本時（第7時）の目標

・手紙を待つ「がまくん」と「かえるくん」の心情を比較することを通して、物語全体で変化した・しなかったことを理解する。

2. 「深い学び」のポイント

　玄関に出て、かたつむりくんが届けてくれる手紙を幸せな気持ちで待つ2人。本文では、並列に書かれているが、あえて「どちらの方が、楽しみな気持ちが大きいか」と問うことで、2人が物語全体を通してどのような変容を遂げたのかに気付くことができる。

　また、授業後半では「2人の共通点と相違点は何か」を問うことで「広げる→深める」の思考を引き出す。

3. 授業の流れ

1 学習課題をつかむ	2 自分の考えをもち、交流する（広げる）
 手紙を待っているとき、どちらの方が、楽しみな気持ちが大きいのかな。	 友達の考えを聞きながら「なるほど！」を見つけてみましょう。
前時までの学習を振り返り、2人が幸せな気持ちで手紙を待っていたことを確認した後、学習課題を提示する。これまでの学習を根拠にしたそれぞれの立場からの主張が期待できる。 　「選択レベル」から「判断レベル」へと読みの深まりを引き出すために、「相手はどんなことを根拠に主張してくるのか」を考えさせ、反論できるように準備を行う。	全員がワークシートへ自分の考えを記入したら、全体の人数（AorB）を確認した後、まずは簡単に自由交流を行う。 　全体交流では、それぞれの立場の主張について、ベン図を用いながら「読みのズレ」を板書に整理する。 　話を聞く時には、「なるほど！」と思える友達の考えを意識させながら参加させ、学習の振り返りにつなげる。

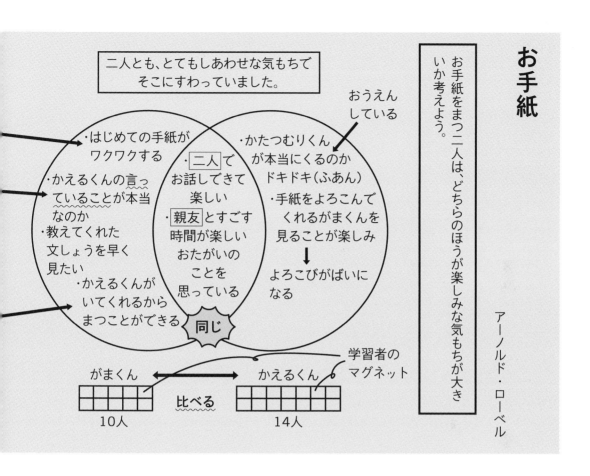

| 3 交流を通して、登場人物の変化に気付く（深める） | 4 学習を振り返る |

2人の「楽しみ」で同じところと違うところってどこでしょう。

今日の学びを振り返って、学習のまとめを書きましょう。

　板書に一通りの考えが整理された後、「2人の『楽しみ』の共通点・相違点」について話し合う。同じ「楽しみ」という言葉であっても、そこには「質の違い」があることに気付かせたい。

　また、板書に記された意見の中から「最初」と「最後」に関する部分をそれぞれ色分けして囲むことで、物語全体を通して変化した部分を浮かび上がるようにする。

　本時の授業を振り返り、学習のまとめを記述する。本時では、「登場人物を比べる（比較）」「心情の変化」を「読みの力」として扱ったことを意識付ける。

　また、自由交流や全体交流を通して「1番納得した友達の意見」についても、自分にどのような影響を与えたのか、その理由も含めて記述させる。

たこのすみ　いかのすみ

単元名：違いを比べてまとめよう
学校図書／2年

岩立裕子（神奈川県・小田原市立曽我小学校）

STEP 1 「深い学び」を考える

1. はじめに

　「深い学び」とは、新学習指導要領の言葉を使って表現すれば、個人の既存の「知識・技能」をもって「思考・判断」し、「表現」することで「学びに向かう力・人間性等」を高めようとした結果、成立する学びの姿である。

　子供がこれまで獲得した言葉や経験を使って文章や作品と向き合い、考え、悩み、取捨選択したり結論付けたりしていく。こういった思考の過程が「深い学び」につながると考える。重要なのは、この思考の過程を子供が自分で正しく把握することである。そして、正しく把握するために、「話し合い活動」による他者との交流は有効な手段であると考える。

2.「深い学び」を成立させるための要素

　「深い学び」を成立させるために、「文章や作品と向き合う」「他者と交流する」「自分の思考の過程を把握する」という三つの要素が必要である。そしてそれは、それぞれ次の力で構成されていると考える。

文章や作品と向き合う
・言葉の意味を正しく理解する力
・書かれた言葉から様子や考え・思いなどを想像する力

他者と交流する
・聞いて理解する力
・伝える力
・聞き出す力

自分の思考の過程を把握する
・メタ認知能力

　もちろん、これらの力をもって「深い学び」につなげるために、子供が「交流したい」という欲求が生まれるような学習課題や発問が提示される必要があることは言うまでもない。また、思考の過程を把握するために、「何が分かって、何が分からないのか。どの言葉もしくは誰の言葉がヒントになって、どのように考えが変わったのか、もしくは明確になったのか」という、自分の思考を振り返る時間の設定も必要である。

STEP 2 教材分析

1. 教材の概要と特性

　本教材は、たこといかの、それぞれの敵からの逃げ方によってすみの性質が異なることを述べている説明的文章である。各段落の文が短いので内容が捉えやすく、主語に着目することで全体の構成を把握するのに見当をつけやすい。

　また、文末表現に注目させることで、問いの文と問いに対応する答えの文を見つけやすい教材である。低学年の説明的文章としてよく見られるのは、「問いの文」に対して答えとなる事例が列挙されている構成であるが、本教材は、「答えの文」の「～にげるためです」の言葉を受けて、補足する形で逃げ方やすみの性質が列挙されている。

2. 本教材で働かせたい、「言葉による見方・考え方」

問いの文と答えの文

　文末表現「～でしょうか」を探すことで、「問いの文」が容易に見つけられる。また、この「問いの文」は「なぜ」という言葉が使われているので、「答えの文」は「～だからです」「～ためです」といった文末表現になるという、言葉の対応を学ぶことができる。

　ただ、②段落の「問い」の「答え」は③段落であり、④段落からの内容が直接的な「答え」となっていない。そこで、「どのようにすみをはいてにげるのでしょうか」といったような直接的な「問いの文」をつくることを課題とすることができる。

各段落の主語と文章構成

　各段落の主語に着目すると大きなまとまりが見えてくる。①～③段落は「たこやいか」について、④～⑥段落は「たこやたこのすみについて」という大きなまとまりが見えてくる。同様に、⑩段落は⑦～⑨段落の「いかやいかのすみについて」のまとまりと捉えられる。しかし、④～⑥段落と⑦～⑨段落がそれぞれ対応するような表現で書かれていることや、⑩段落は逃げ方についていかとたこを直接的に比べていることに気付けば、⑩段落は⑦～⑨段落と切り離して捉えられる。

　このように、主語に着目して文章構成を捉えることを経験させたい。

共通点と相違点

　共通点を明確にすると相違点も明確になる。たこといかの共通点は、①段落の「まっ黒なすみをはく生きもの」である点だ。

　相違点は④～⑥段落と⑦～⑨段落がそれぞれ対応するように書かれているので分かりやすい。また、「それは」「こちらは」といった指示語から始まる⑥段落と⑨段落は、比喩表現を用いることによって、違いがより明確に伝わることを実感させたい。

2年〈説明文〉　たこのすみ　いかのすみ

57

STEP 3 単元を構想する

1. 本単元で身に付けさせたい資質・能力

〈知識・技能〉文中における主語と述語の関係を理解することができる。

〈思考力・判断力・表現力〉たこといかの行動やすみの特徴を表す言葉に着目して、相違点やその理由を比べながら読んだり表に整理したりすることができる。(C 読む (1) ア)

〈学びに向かう力・人間性等〉たこといかのすみについて関心をもち、比べながら読もうとしている。

2. 単元名

違いを比べてまとめよう

3. 単元の概要

①段落からたこといかの共通点を確認する。「問いの文」「答えの文」を探した後、主語に着目して大きなまとまりを見つける。「問いの文」に対して「答えの文」がすぐに見つけられることから、文章構成の「なか」にあたる④〜⑨段落の内容が「答え」になるような「問いの文」をつくるという課題を設定する。課題を解決するために、④〜⑥段落と⑦〜⑨段落を対応させながら違いについて読み取り、表にまとめて整理したのち、「なか」の内容が答えとなるような「問いの文」をつくる。

4. 指導のポイント

課題設定のポイント　「答え」に合う「問いの文」を作る

この教材には「問いの文」はあるが「答えの文」がすぐ後に書かれているため、「話題提起」に近い位置付けに感じられる。④〜⑨段落の内容は、②段落の「なぜ、すみをはくのでしょうか」の詳細な答えではなく、③段落の「逃げる」ことの詳細な説明になっている。そのように考えると、④〜⑨段落が直接の「答え」になる「問いの文」を考える課題を設定することができる。すると、④〜⑨段落に書かれている内容を読む必然性が生まれる。

比較させるポイント　表にまとめることで、比べる観点をより意識させる

④〜⑥段落と⑦〜⑨段落は、文章表現が対応しているため比べやすくなっている。表にまとめると、その違いがより明確になることを実感させたい。表の縦軸を「たこ」「いか」に設定し、横軸の項目を考えさせることで、文中の共通する言葉とそうでない言葉に意識をもたせることができる。

5．単元計画（全5時間）

第一次　文章全体を把握する（第1～2時）

　「問いの文」と「答えの文」、主語に着目して大きなまとまりに見当をつける。①～③段落を読み、「問いの文」と「答えの文」が対応していることから、④～⑨段落が「答えの文」となるような「問いの文」をつくるという課題設定をする。
〈指導上の留意点〉
◎題名と①段落から、たこといかについての既有の知識を交流させ、十分に興味をもたせる。
　課題を設定するために、①段落に書かれた共通点と②③段落の「問い」と「答え」の文章表現について確認する。

第二次　書かれている違いを読み取り、表にまとめる（第3～4時）

　④～⑥段落と⑦～⑨段落を比べて、共通している言葉と異なる言葉を明らかにし、違いを読み取る。読み取ったことを表にまとめる。
〈指導上の留意点〉
◎④～⑥段落と⑦～⑨段落を縦に並べて掲示すると、視覚的に比較しやすい。様子や動作を表す言葉や絵を入れて内容を十分に読み取らせたい。

第三次　④～⑨段落が「答え」になる「問いの文」を考える（第5時）

　まとめた内容が直接の答えとなるような「問いの文」を考える。
〈指導上の留意点〉
◎子供の実態に合わせて、「どんな」「どのように」といった「問いの文」に必要な疑問詞を用意し、選択させてつくらせるようにする。

6．中心となる本時の指導計画（第4時）

	学習活動	指導上の留意点
導入	○読み取った内容を見やすくまとめる方法を考える。 ・絵や図にする。 ・表にする。	・既習事項を振り返らせ、表にまとめると見やすくなることを思い出させる。
展開	○表の横軸の項目を考えて表にまとめる。 ・すみをはいた後 ・粘り気	・表の縦軸は「たこ」「いか」に設定し、横軸の項目を文中から言葉を探して設定させる。
終末	○互いの表を見合う。	・項目の立て方によって、表の中に書かれる内容も変わってくることに気付かせる。

STEP 4 授業イメージ

1. 本時（第4時）の目標

・表にまとめると比べやすくなることを理解し、適切な項目を設定する。

2.「深い学び」のポイント

　読み取って表にまとめた情報を簡潔にまとめる活動が中心となる時間である。文中の言葉を使って項目を立て、表にまとめる。

　表にまとめる際に、それぞれの対応している段落でどちらにも共通して使われている言葉とそうでない言葉に気付き、共通して使われている言葉が表の項目としてふさわしいことを理解させたい。

　また、その項目の立て方によって表に書かれる内容も少しずつ変わることに気付かせたい。

● 友だちのひょうを見て思ったこと・気づいたこと
・こうもくが同じにならないこともある。
・こうもくが同じなのに、書いてあることばが少しちがう。
・絵も入れると、もっと分かりやすくなるのかな。

ちがうところ	にんじゃのじゅつ	やくわり	水の中で
	えんまく（けむりのまく）をはってにげるにんじゃ	てきの目からたこをかくす。	黒いけむりのように広がる。
	にんじゃの「かわりみのじゅつ」	もう一ぴきいかがふえたように見えて、てきの目をうばう。	黒いかたまりになる。

3. 授業の流れ

1 まとめ方を考える

　読み取ったことを見やすくまとめるには、どんな方法があるのかな？

　これまでの学習で、読み取ったことを分かりやすくまとめるには、どのような方法があるか投げかける。

　絵や図といった方法も出てくると思われるが、これまでの学習で表を使ってまとめる経験をしているので、表にするという考えも出てくると思われる。また、④〜⑨段落を読み取る際に、文章を縦に並べて読み比べたことからも表を意識させたい。

2 表の横軸を考える

　「なか」の部分の言葉を使って、表の項目を考えましょう。

　④〜⑥段落と⑦〜⑨段落を縦に並べて読み取ったことを受けて、表の縦軸は「たこ」「いか」に設定する。横軸は文中の言葉を使って考えることを伝える。

　子供の実態に応じて、④段落と⑦段落の項目については、一斉指導で行い、その後、個人で取り組ませてもよい。また、少人数のグループ活動にして考えさせてもよい。

たこのすみ いかのすみ

いまいずみ ただあき

- ちがいを分かりやすくまとめよう。
  - ・絵でかく　・図にする　・ひょうにする
- かんせいしたひょうをしょうかいしよう。

	ちがうところ			
	すみをはいた後	すみのようす	やくわり	にんじゃのじゅつ
たこ	いわなどのせまいすきまにかくれる。	ねばり気が少ないので、黒いけむりのように広がる。	たこをかくす。	えんまく
いか	はやくおよいで、てきからはなれる。	ねばり気が強いので黒いかたまりになる。もう一ぴきいかがふえたように見せる。	かわりみのじゅつ	

	すみをはいた後	すみのねばり気
たこ	すきまにかくれる。	少ない。
いか	てきからはなれる。	強い。

4　まとめた表を見合う

友だちの表を見て、気付いたことを伝えましょう。

　グループで表の項目を立てたとしても、表に書かれる内容が少しずつ変わることもある。また、項目を変えた子供がいれば、どこが書きづらかったのか伝え合うようにする。伝えることを意識することで、自分の思考と向き合うきっかけになる。

　文中の内容から大きく外れていなければ、どの項目の表でも問題ない。

3　表を完成させる

自分で作った表に、読み取った内容を書きこみましょう。

　縦軸と横軸が完成した表を使って、表の中をまとめさせる。表の項目をグループで考えた場合も、この時間は個人で取り組ませる。表の中を書きこむときも、文中の言葉を使って書かせる。

　書く時に、書きづらい項目があれば自分で項目を書き直してもよいことにする。このときに、まとめる際に用いる言葉を吟味する活動がねらえる。

3年（文学）

モチモチの木

単元名：中心人物の変容の謎を探ろう

光村図書・東京書籍・教育出版・学校図書／3年　　　　　　　　安達真理子（立教小学校）

STEP 1　「深い学び」を考える

1. はじめに

　「主体的・対話的で深い学び」に導くためには、教科の本質と教材の特性を捉えた上で、育成すべきコンピテンシー（資質・能力）を明確にしておくことが肝要である。単元と単元、教材と教材のつながりや系統性を視野に入れ、また、初読で表現した一人一人の教材への印象や感想によって実態を把握し、どのような力を身に付けることがふさわしいかを見定めて単元を設計したい。授業をデザインする際、教材のもつ「よさ」を引き出して味わい、個々の読みの「よさ」を互いに評価しながら学び合う、APPRECIATION（アプリシエーション＝「鑑賞」「好意的評価」他）の思考を基盤に据えることを提案したい。「よさ」の発見・評価は、共感的な理解から派生するものであり、主体性が立ち上がり易く、前向きで豊かな交流を通して、学びを深めることができるからである。

2. APPRECIATION（アプリシエーション）と「深い学び」

　佐伯胖（2004）[※]によると、APPRECIATION（アプリシエーション）は「ものごとのおもしろさ、不可思議さ、たいせつさ、そして『ありがたさ』をじっくり味わうこと」である。これを「読むこと」の授業に援用し、「教材のもつおもしろさ、不可思議さ、たいせつさ、そして『ありがたさ』をじっくり味わうこと」を土台として、読み方の違いやズレを基に、対話・交流を組織する。すると、自分とは異なる解釈に出合い、自分には思いつかなかった考えを発見することができる。立場の異なる考えのよさに気付いたり、根拠や理由付けの違いに気付いたりすることもある。それらの交流過程を振り返り、友達の考えのよさを評価（APPRECIATE）することによって見方・考え方の幅が広がる。同時に、教材の価値を再び評価（APPRECIATE）することにもなる。その過程で、「深い学び」が生まれるのである。

　これらの活動における学びの深まりは、新学習指導要領が目指す「資質・能力」の三つの柱のうちの「学びに向かう力・人間性等」の涵養にも関わる。「国語科において育成を目指す資質・能力」の「学びに向かう力・人間性等」には、「言葉が持つ曖昧性や、表現による受け取り方の違いを認識した上で、言葉が持つ力を信頼し、言葉によって困難を克服し、言葉を通して社会や文化を創造しようとする態度」「言葉を通じて、自分のものの見方や考え方を深めようとするとともに、考えを伝え合うことで、集団としての考えを発展・深化させようとする態度」などが挙げられている。教材のよさを鑑賞し、友達の読みのよさを評価する活動は、学びを深め、社会や文化を創造し発展させる態度や人間性の育

Ⅱ　定番授業で考える「深い学び」をうむ国語授業づくり

成にも資すると言える。

※佐伯胖『「わかり方」の探究―思索と行動の原点』小学館、2004 年

STEP 2 教材分析

1. 教材の概要と特性

　弱虫で臆病な「豆太」が腹痛に苦しむ「じさま」を助けるために、一人でふもとの医者様を呼びに行くことによって、ついに勇気のある子どもしか見られないモチモチの木の灯を見ることができたという物語である。題名の「モチモチの木」は、少年の勇気を測る指標であり、勇気の象徴として掲げられている。最後の一節「それでも豆太は、じさまが元気になると、そのばんから、『じさまぁ。』と、しょんべんにじさまを起こしたとさ。」によって、結局のところ、豆太は勇気がある子に成長できたのだろうかと読者を悩ませる。豆太の人物像を捉えながらこの結末を読むと、常に議論の的となる問題であるが、その謎を巡って考えると、「豆太」と「じさま」、「豆太」と「モチモチの木」の関係性が浮き彫りになっていくのである。本教材のよさ（特性・おもしろさ）は、ここにある。

2. 「深い学び」につながる、働かせたい「見方・考え方」

豆太の人物像と変容の謎	冒頭に強調される「弱虫」「臆病」という人物像をどう捉えるか、そこから考え始めたい。「豆太は弱虫な子？　臆病な子？」と問うと、「でも、勇気を出してじさまを助けた。」「でもまた、臆病に戻った。」と変容を追うことができる。しかし、「本当に完全に臆病に戻ってしまったの？」とさらに吟味すると、そうとも言い切れず、「灯がともるのを見た」出来事の意味を考えることになる。
じさまの腹痛の謎	霜月二十日の晩、じさまはタイミングよく腹痛を起こす。それが豆太の勇気を呼び起こして目標を達成するのだが、じさまは腹痛のふりをしたのではないかと疑念をもつ子が、不思議と何人かいる。これは、豆太に勇気を出させて自信を付けさせたいと願うじさまの優しさ（親心）が、そうさせたのではないかという読みである。豆太とじさまの関係を考える上で役立つ見方・考え方だろう。議論を深めたい。
豆太と「モチモチの木」の関係の謎	「やい木ぃ」の場面は、「モチモチの木ってのはな、豆太がつけた名前だ。」から始まる。「きもすけ」だった父もじさまも、灯がともるのを見たそうだが、「モチモチの木」とは呼んでいなかった。だとすると、そこに豆太の「木」に対する思いが深く刻まれている。豆太がなぜ「モチモチの木」と名付けたのかを考えることによって、豆太と「木」の関係性が見え、中心人物の心情と題名の関係を読むことにつながる。

STEP 3 単元を構想する

1. 本教材で身に付けさせたい資質・能力

〈知識・技能〉中心人物（豆太）の変容を想像することができる。

　中心人物（豆太）の変容について、根拠に基づいて説明することができる。

〈思考力・判断力・表現力等〉中心人物（豆太）の人物像と物語の結末を関係付けて考えることができる。

　中心人物（豆太）の変容と題名「モチモチの木」を関係付けて考えることができる。

〈学びに向かう力・人間性等〉友達の解釈のよさを評価して、自分の読み深めに生かそうとする。

　友達の作品を互いに見合い、作品のよさを評価し合おうとする。

2. 単元名

中心人物の変容の謎を探ろう

3. 単元の概要

　「中心人物の変容の謎を探ろう」という単元で、この物語に秘められた謎「豆太は成長できたのか」という問題の究明を目指して読み合う。その過程で、豆太の人物像と結末の関係性、豆太とじさまの関係性、豆太と題名「モチモチの木」との関係性を考えて読み深め、自己の考えの確立に向かう。

4. 指導のポイント

主体的な学びのポイント

　「豆太ってどんな子？」と問い、人物像を考える。「臆病」な豆太はどのように臆病なのか、どう変わっていくのか、ときに豆太に同化しながら、心情と行動を想像し読み深める。

対話的な学びのポイント

　「じさまはわざと腹痛になったのか」や「豆太は成長できたと言えるか」は、読者としての判断を促す問いで、立場を明確にした議論が生まれる。じさまと豆太の関わりや豆太の変容について教材全体を見渡して根拠を探し、対話・交流を深めることができる。

その他のポイント

　ポスター・コンテストを行い、作品を相互に評価する。単に順位をつけるだけでは、感覚的な表層の印象で判断する可能性もあるので、コメントを7行分しっかりと書いて、根拠・理由を明確にする。友達の作品の「おもしろさ、不可思議さ、たいせつさ、『ありがたさ』をじっくり味わうこと」であり、まさに APPRECIATION（鑑賞）である。

5．単元計画（全11時間）

第一次　教材に対する初読の印象と感想を表す（教材へのAPPRECIATION）（第1・2時）

「『モチモチの木』は〜だな。なぜかというと…」で感想をまとめ、学級で考えたいこと・話し合いたいことを抽出する。章題が付く物語のよさを語り合い、場面の把握に生かす。
〈指導上の留意点〉
　物語のおもしろさを引き出しながら、全体の構造・場面展開の大筋を確認し共有させる。

第二次　豆太の変容を巡る謎を読み交流する（友達の考えへのAPPRECIATION）（第3〜9時）

「豆太ってどんな子？」と、冒頭の叙述から人物像を読み取り、結末で「A 弱虫のままだった」「B 弱虫ではなくなった」（「C どちらでもある」）を議論する。次に、豆太の変容を導き出したじさまの行動を巡って「じさまは、わざと腹痛になったのかな？」という問いに対して、叙述を根拠に話し合う。また、「モチモチの木」と名付けた理由を手掛かりに、豆太にとっての「モチモチの木」の存在意味・象徴としての題名の意味を考える。
〈指導上の留意点〉
　思考の深化を図りながら「豆太の変容の謎」に迫るよう、課題を設定し交流させる。その際、友達の解釈や意見のよさを互いに評価して、話し合い過程をメタ認知させる。

第三次　紹介ポスターを作成し鑑賞する（友達の作品へのAPPRECIATION）（第10・11時）

　物語のよさ（特性・おもしろさ）をポスターに描くことで、読み合ってきたことを表現に生かす。ポスター・コンテストを行って、友達のポスターのよさを鑑賞する。
〈指導上の留意点〉
　第二次で読み深めた物語のよさ（特性・おもしろさ）を描出できている作品を選ぶように促し、評価ポイントや理由を明確にすることを条件に、順位を決めさせる。

6．中心となる本時の指導計画（第8時）

	学習活動	指導上の留意点
導入	○豆太が「モチモチの木」と名付けたのはなぜか、自分の考えを書く。	・「モチモチの木ってのはな、豆太がつけた名前だ。」という叙述をどう読むか判断を促す。
展開	○豆太が「モチモチの木」と名付けたのはなぜか、意見交流をする。	・豆太にとっては普通の木ではないことの意味を掘り下げ、考えさせる。 ・昼は威張るが夜は怖い状況を豆太自身がどう感じているか想像させる。 ・豆太の立場や境遇を捉えて心情を想像させる。
終末	○話し合いを振り返り、誰の発言がよかったか、それはなぜかをまとめる。	・「モチモチの木」に対する豆太の心情を想像した友達のよさを評価させて、話し合いの意味を振り返らせる。

STEP 4 授業イメージ

1. 本時（第8時）の目標

- 豆太が「モチモチの木」と名付けたのはなぜかを想像することによって、豆太にとっての「モチモチの木」の存在意味を考える。

2.「深い学び」ポイント

　中心人物（豆太）と題名「モチモチの木」の関係性を考えることで、教材の特性を導き出し、価値を味わう。じさまを助けるために夜道を走り、ついに灯がともるのを見ることができた豆太が、それまで「木」に対してどんな思いを抱いていたかを捉えることは、深い学びのポイントとなる。題名の意味を問う見方・考え方は、物語の読み深め方の鍵であり、以後もそのような問いをもって読ませたい。

```
（ふりかえり）

親近感を持ちたかった
じさまと二人きり。
友だちがいない
　　　だから…
・弟みたいな木にしたい
・友だちみたいな木にしたい
```

3. 授業の流れ

1　自分の考えを書く

「モチモチの木ってのは豆太がつけた名前だ。」というのは、どういう意味でしょう？

　きもすけだった「おとう」も、「じさま」も、この木に灯がともるのを見たそうだが、「モチモチの木」と名付けたのは、豆太だと言う。そこには、何か意味があるだろう。実を粉にしてもちにこねあげて食べるとおいしい木を「モチモチの木」と呼んで、昼間は「やい、木ぃ」と威張る豆太の心情を想像して、その理由を考えたい。まずは、叙述から判断して、自分の考えをノートにまとめる。

2　豆太の心情を想像して考え、交流する

豆太にとってはふつうの木ではないのでしょうか？

　ノートに書いた自分の考えを基に、意見交流をする（ペア⇒全体など）。
　昼と夜の態度の違いに、豆太の心情が表れている。夜はお化けに見えて怖くて仕方がない木は、豆太にとって普通の木ではない。豆太は、呼びやすい名前がほしかったのかもしれない。「もちもちして柔らかいイメージだから」など、怖さが薄らぐように名前をつけたのだろうか。弟分や友達のように呼びたかったのかもしれない。

モチモチの木

斎藤隆介

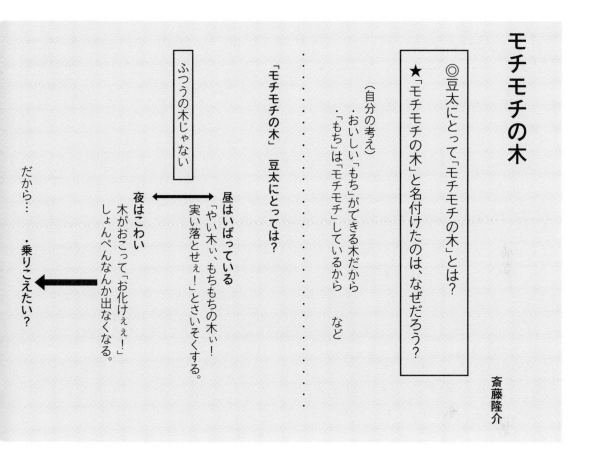

◎豆太にとって「モチモチの木」とは？
★「モチモチの木」と名付けたのは、なぜだろう？

（自分の考え）
・おいしい「もち」ができる木だから
・「もち」は「モチモチ」しているから　など

「モチモチの木」豆太にとっては？

ふつうの木じゃない

昼はいばっている
「やい木ぃ、もちもちの木ぃ！実い落とせぇ！」とさいそくする。

夜はこわい
木がおこって「お化けぇぇ！」
しょんべんなんか出なくなる。

だから…
・乗りこえたい？

---

3 豆太の立場を想像して考え、交流する

豆太は、「モチモチの木」に親しみ（親近感）をもちたかったのでしょうか？

豆太は、峠の猟師小屋にじさまと二人だけで暮らしている。両親・きょうだいもいなければ友達もいないので、遊び相手がない。3年生の子どもたちは、そんな境遇の5歳の男の子・豆太に同情する。

豆太の立場を視野に入れると、友達のような親近感をもつために、あだ名として名付けたのかもしれないという考えも浮かぶ。題名である「モチモチの木」は、豆太にとってどのような存在なのか、深い読みを促すことができる。

4 話し合いの振り返りを書く

だれの意見がよかったかな？それはなぜでしょう？

「モチモチの木」と名付けた理由を考えると、豆太が夜の怖さを克服したい思いをもっていただろうと想像でき、灯がともるのを見た時の心情を深く捉えられる。これらの意見交流から、題名の意味を改めて問い直し、読み深めたい。

話し合い過程を振り返り、意義ある根拠・理由付けや役立つ意見を言ってくれた友達は誰かを思い返して、その考えのよさを評価する。

3年〔文学〕

おにたのぼうし

単元名：心の動きを想像して、人物のなりきり日記や人物への手紙を書こう
教育出版／3年　　　　　　　　　　　　　　　　　　立石泰之（福岡県教育センター）

STEP 1 「深い学び」を考える

1.「読むこと」における「深い学び」とは

　「読む」とは、テキスト（言葉、図表など）を関係付け、解釈し、評価していく一連の思考活動である。「読むこと」における「深い学び」では、テキスト（言葉、図表など）の関係付けや方略となる読み方の見直しがより自覚的に行われ、読み手のなかにものの見方や考え方の変容が生じるような学習にしていく必要があると考える。

2.「深い学び」を実現する発問と交流の在り方

発問の組み立て

　「深い学び」を実現するための、1単位時間における柱となる主な発問は、「『入口』の問い」と「深める問い」の二つである。「『入口』の問い」は、本時の話題を限定し、学習課題となる発問である。直感的に答えさせて、全ての子供に抵抗なく学習に参加させるとともに、その時間に何について考えていくのかという思考の範囲を決定する。「深める問い」は、新たな考えを生み出す違う観点からの発問である。「『入口』の問い」についての話し合い後、新たな観点から問いかけ、更に言葉の関係付けを強化、付加・修正したり、ものの見方や考え方を見直したりできるようにする。

交流

　交流は、右図のように段階的に行うようにする。そうすることで、互いの考えの相違がどの段階で生じているのかを明らかにできるとともに、他者が行った言葉の関係付けや読み方のよさなどを自分のなかに取り入れることができる。

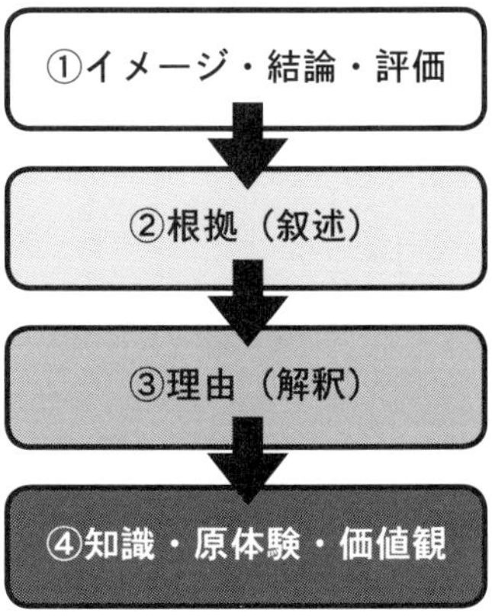

```
①イメージ・結論・評価
        ↓
②根拠（叙述）
        ↓
③理由（解釈）
        ↓
④知識・原体験・価値観
```

【交流の基本パターン】

　この段階的な交流は、ペアやグループ、学級全体で活用することができ、一人に全てを説明させるのではなく、互いに質問や予想をし合いながら、一段階ずつ進めていくことで、全員が考えを強化、付加・修正することができる。

全体交流における教師のファシリテーション

　全体交流の場面では、全ての子供が、考えを見つめ直し、他者の視点を取り入れて考えることができるように、教師によるファシリテーションが欠かせない。話し合いを組織していくため、教師は次のように子供の発言の意図や背景を分析しながら聴く必要がある。

Ⅱ　定番授業て考える「深い学び」をうむ国語授業づくり

- ■ この子は何を言おうとしているのか。
- ■ この子はなぜそのような表現をするのか。そのように読んだ原因は何か。
- ■ 教師が目指す学習のゴールに向かって、どこまで迫っているのか。
- ■ 他の子の考えとどこが違うのか。他の子に一緒に考えさせるべき点はあるか。
- ■ この子の考えや表現を、これからの展開にどのように生かせるか。

　子供の発言を分析的に聴いた後、発言の意図や背景を自覚させたり全体へ考えを広げたりするために、本人や全体への問い返しを行う。また、価値付け・方向付けをしながら、子供の言葉のなかに垣間見える本人も自覚していない価値ある考えや読み方を認めていく。

STEP 2 教材分析

1. 教材の概要と特性

　本教材は、気のいい鬼の子のおにたが、節分の夜に、病気の母を気遣う女の子に食事を届けるが、女の子の鬼を忌み嫌う言葉を受けて「ぼうし」と「黒豆」を残して消えてしまう物語である。読者に登場人物の心情を体験させながら、その一方で人物の心理描写が少ないなかで、人物の様子や行動の描写から人物を対象化させるという作者の巧みな仕掛けがある。また、「登場人物は知らないが、読者は知っている」状況をつくり出しており、これらの仕掛けが、読者の中に様々な感情や解釈を引き起こす。

2.「深い学び」につながる、働かせたい「見方・考え方」

人物の置かれた状況と人物像（性格）	この物語では、人物が置かれた状況やその中でとる行動について、複数の叙述を結び付け、その人物像（性格）を捉えさせる必要がある。おにたの場合は、人間にとっての「鬼」の存在やおにたにとっての節分の日の捉え、その状況下で人間のために行動する人物像について、女の子の場合は、台所が「かんからかんにかわいた」トタン屋根の家に住み、雪でタオルを冷やす状況にあって、病気の母親にお腹が空いていないと嘘をつく人物像について考えさせることになる。
人物の気持ちや願いと物語の「悲しさ」	「じっとしていられなくなった」おにたが、何を思って女の子の言った通りに食事を届けたのか、女の子はなぜおにたのことを「神様」だと思ったのかなど、この物語では、人物の気持ちや願いについて、複数の叙述を結び付けて推論させる必要がある。また、おにたがいなくなった後、残された麦わら帽子と黒い豆が表す意味やおにたの思いについて考えるとともに、最初と最後の豆まきの情景の違いが感じさせる物語の「悲しさ」についても考えさせたい。

STEP 3 単元を構想する

1. 本教材で身に付けさせたい資質・能力

〈知識・技能〉おにたや女の子の「様子や行動、気持ちや性格を表す」語句を捉えることができる。

〈思考力、判断力、表現力等〉おにたや女の子の状況を把握し、場面の移り変わりと結び付けて、それぞれの気持ちの変化について具体的に想像することができる。(C 読むこと (1) エ)

〈学びに向かう力・人間性等〉おにたや女の子の心の動きについて捉えたことを基に、登場人物に対する自分の思いを進んで表現しようとする。

2. 単元名

心の動きを想像して、人物のなりきり日記や人物への手紙を書こう

3. 単元の概要

　全文を六つの場面に分け、それぞれの場面の場所について確認する。

　その後、おにたや女の子の性格、節分の夜のおにたや女の子の気持ちについて叙述を基にしながら話し合う。話し合いの後、女の子がおにたと出会った後に女の子が書いた日記を創作し、それを基に、次の時間にはおにたが物語の結末に対して納得しているのかについて話し合う。最後に、自分から女の子への手紙、おにたへの手紙を書く活動を行う。

4. 指導のポイント

発問のポイント　初読の感想や児童の表現物を基に「『入口』の問い」を発問する

　子供が前時までに書いた初読の感想や表現物を基に、「『入口』の問い」で子供に「どのように思うのか」を直感的に答えさせ、その根拠となる叙述や理由について話し合う。その後、新たな観点からの「深める問い」を発問する。例えば、おにたの人物像（性格）について話し合う場合は、「おにたはどんな鬼か（『入口』の問い）」→自分の意見、根拠、理由→「そんなにいい鬼なのに、なぜ人間の前に姿を現さないのか（深める問い）」→自分の意見、根拠、理由、のように問いかける。

交流のポイント　自分の意見、根拠となる叙述、理由となる解釈を分けて説明させる

　教師の発問に対して、まずそれぞれの意見を出し合うことで、互いの意見の相違性（または共通性）が明らかとなり、それぞれの意見の「根拠」となる叙述を出し合わせる。そして、根拠として出された叙述がなぜ根拠となり得るのか、その理由（解釈）について話し合うようにする。必要に応じて、その理由（解釈）が生まれる基になった知識や経験な

ども交流する。状況によって、自分とは違う意見の根拠や理由についても考えさせるようにする。そうすることで、互いの考えの相違がどこから生じているのかを明らかにし、他者の視点を自分のなかに取り入れることができる。

5. 単元計画（全6時間）

第一次 全文を読んで初読の感想を書き、音読練習をする（第1時）

　初読の感想を出し合い、「おにたや女の子の心の動きについて想像したことを日記や手紙に書いていこう」という学習課題を設定する。その後、音読練習する。
〈指導上の留意点〉
◎初読の感想の観点として「心に残った場面」「思ったこと」「疑問」などを与える。

第二次 人物像（性格）や気持ちの変化について話し合う（第2〜5時）

　「おにたはどのような鬼か」「女の子はどのような女の子か」「おにたは、なぜ女の子が言った通りのことをしたのか」「物語の結末に、おにたはこれでいいと思っているのか」などについて話し合う。
〈指導上の留意点〉
◎二人の人物像（性格）、互いに対する思いの変化などについて焦点化して話し合わせる。

第三次 おにたへの手紙を書き、みんなで発表し合う（第6時）

　おにたへの手紙を書いて、互いの感じ方の違いについて交流する。
〈指導上の留意点〉
◎これまで学習した人物像（性格）、思いの変化などに触れて書くように条件を与える。

6. 中心となる本時の指導計画（第5時）

	学習活動	指導上の留意点
導入	○前時に書いた「女の子の日記」を紹介し合い、課題をつかむ。	・おにたのことを好意的に見ている点から、「おにたはこれでいいと思ったのか」と発問をする。
展開	○おにたが納得しているのかについて話し合う。 ○おにたの願いについて話し合う。	・おにたの心情について、納得している、納得していないのどちらかに挙手させ、全体で考えの確認後、根拠となる叙述、理由について交流する。
終末	○おにたの思いを女の子に伝えるための手紙を書いて発表する。	・リード文を提示し、その後に続く文章を参考にして考えさせる。

STEP 4 授業イメージ

1. 本時（第5時）の目標

・いなくなったおにたの思いについて、おにたの性格や願いとつなげて具体的に想像することができる

2. 「深い学び」ポイント

本時では「物語の結末に、おにたはこれでいいと思っているのか」について話し合う。女の子がおにたのことを「神様」と思い、感謝していることに対して、おにたがどのように思っているのかを考えていく。そうすることで、子供たちは、前の場面で述べられている人間のために行動したいというおにたの性格と貧しいなかでお母さんを看病する女の子の状況、そして、優しい鬼もいるのだということを知ってほしいおにたの願い、などとつなげて想像する必要がある。

「これでいいとは思わない」9人

おにたのねがいだから

・いろいろあるのに、どうして分かってくれないの？
・やさしいおにもいることを知ってほしい。
・人間と友だちになりたい。

3. 授業の流れ

1 「女の子の日記」を発表し合う

おにたは、物語の結末をこれでいいと思っているのでしょうか？

前時に、女の子が言った通りに行動したおにたの思い、おにたに対する女の子の受け止め、そして、おにたの行方について話し合い、節分の夜におにたと出会った後の「女の子の日記」を書かせる。本時の導入では、書いた「日記」を発表し合うなかで、最終的に女の子がおにたを好意的に受け止めていることから、「おにたは、物語の結末をこれでいいと思っているのか」という「『入口』の問い」を問いかける。

2 おにたが納得しているかを話し合う

「これでいい」と思っている（思っていない）証拠の言葉はどこでしょう？

子供たちに、物語の結末に対しておにたが「これでいいと思っている」「これでいいとは思っていない」のどちらかに挙手をさせ、その根拠となる叙述に線を引かせる。ペアやグループ、学級全体で、自分の考え、根拠となる叙述、その言葉を根拠とした理由の順に話し合わせる。そうすることで、おにたの設定や女の子が置かれている状況に関する叙述など、互いの考えのどこが異なっているのかについて明らかにできる。

おにたのぼうし

あまん きみこ

おにたはこれでいいと思っている？　これでいいとは思っていない？

「これでいい」24人

- やさしいなあ。
- お礼を言いたい。
- 感しゃ。ありがとう。
- 神様だ。
- また会いたい。
- おにをおいはらってくれた。

- まずしい女の子やお母さんのために豆になる決心
- おにたは、「気のいいおに」
- 人間によろこんでもらう

おにたのせいかくから

女の子のじょうきょうから

- 「人間っておかしい」
- 「おにだっていろいろあるのに。おにだって・・・。」

3　おにたの願いについて話し合う

おにたの本当の願いって何なのでしょうか？

　女の子の状況やおにたの性格などについてある程度話し合いを通して明らかにした上で、「これでいいとは思っていない」という子供たちの意見から、「深める問い」として、「おにたの本当の願いは何なのか」を投げかける。子供たちは、設定場面の「人間っておかしいな。」や最後の場面の「おにだって、いろいろあるのに。」を根拠にして、物語に明示されていないおにたの本当の願いについて説明することになる。

4　女の子への手紙を書く

おにたの思いについて、あなたが女の子に伝えてあげましょう。

　話し合いを通して、「おにたは、物語の結末をこれでいいと思っているのか」についての最終的な自分の考えを書かせた後で、「登場人物は知らないが、読者は知っている」という状況から、「おにたの思いについて、あなたが女の子に伝えてあげよう」と投げかけ、女の子への手紙を書かせる。手紙のなかでは、おにたの性格や女の子へ食事を届けた思い、おにたの本当の願いなどを入れさせるようにする。

3年
〈説明文〉

すがたをかえる大豆

単元名：せつめいのくふうについて話し合おう
光村図書／3年　　　　　　　　　　　　　　　　　高橋達哉（山梨大学教育学部附属小学校）

STEP 1　「深い学び」を考える

1. 説明文の授業における「深い学び」とは

　説明文の学習指導で、毎時間、段落ごと順に「書かれていること」＝〈内容〉を確認していくことに終始してしまうことはないだろうか。そして、それを最後の段落まで一通り行ったことで、「この教材の学習は終わり！」としてしまうことも…。

　説明文の授業では、〈内容〉とともに、「書かれ方」＝〈形式〉を、学習の対象にすることが肝要である。また、「確認」する読みだけでなく、明確に書かれていない筆者の意図（工夫）などを「解釈」する読みや、1人の読者として文章を「評価」する読みをさせたい。

　整理すると、説明文の授業で促したいのは、以下のA～Fの6つの読みである。

　　A〈内容〉を「確認」する読み　　　B〈形式〉を「確認」する読み
　　C〈内容〉を「解釈」する読み　　　D〈形式〉を「解釈」する読み
　　E〈内容〉を「評価」する読み　　　F〈形式〉を「評価」する読み

　説明文の授業における「深い学び」は、上記A～Fのどの読みを行っているかによって多少の違いはあるものの、当該文章の〈内容〉と〈形式〉に対する見方・考え方が更新されることであると考えている。比喩的に言えば、「見えて（読めて）いなかったものが見える（読める）ようになること」である。ただし、発見的・実感的に、である。教師による教え込みは、「深い学び」とは言えない。

　例えば、「ありの行列」（光村3年）で、「ありの行列ができるのは、餌を見つけたありが巣に帰るときに通った道筋である」ということは、意外と理解できていない場合が多い。それが授業を通して分かったとき、Aの読みにおける「深い学び」があったと言える。また、「じどう車くらべ」（光村1年）で、「筆者は多分、読んだ人に身近な自動車から順に紹介している」というように、授業の前には見えていなかった「事例の順序性」という〈形式〉を、授業を通して自分なりに「解釈」することができたときに、Dの読みにおける「深い学び」があったと言えるだろう。

　特に「深い学び」が生まれる授業となり易いのは、BやDの読みである。それは、私たち大人も、子供も、内容面に目が向きがちだからである。一歩立ち止まって考えたときに、一度読んだときには見えていなかった形式面への気付きが生まれるのである。

　なお、授業での「深い学び」は、他の文章の読みにも生かせる形で一般化することが重要である。

STEP 2 教材分析

1. 教材の概要と特性

「豆まきに使う豆」、「煮豆」、「きなこ」、「豆腐」…、と事例を紹介している本教材のように、いくつかの事例を紹介する形式の説明文を「事例列挙型説明文」と呼ぶ（光村図書で言えば、他にも「じどう車くらべ」や「こまを楽しむ」等がある）。

★「事例列挙型説明文」で指導したい「筆者の意図（工夫）」は、主に次の3点である

---

①事例をどのような順序で説明しているかという「事例配列の意図」

②事例をどのように分類して説明しているかという「事例分類の意図」

③事例をどのように選択したかという「事例選択の意図」

以下、本教材の指導において働かせたい「見方・考え方」について、上記①〜③の観点から述べる。

2. 「深い学び」につながる、働かせたい「言葉による見方・考え方」

事例順序

事例である九つの大豆食品が、どのような順序で説明されているかということを、言葉や表現に着目して捉えることができるようにしたい。例えば、「いちばん分かりやすいのは」に着目して、〈大豆と分かりやすいもの→分かりにくいもの〉という順序と捉えたり、「筆者が『すがたをかえる』ということを強調しているから」と、「姿が変わっていないもの→変わっているもの」と考えたりすることなどである。

事例分類

九つの大豆食品は、どのように手が加えられているかという観点や作る方法によって五つに分類されている。書かれ方の特徴として、「なか」の部分である③〜⑦の各段落は、分類ごとに段落が分けられていることや、各段落の一文目が分類の仕方を示していることが挙げられる。それらに着目させ、段落の機能や中心文の働き、分類して説明することのよさなどを考えることができるようにしたい。

事例選択

筆者は、数ある大豆食品の中から本教材における九つの食品を選択し、事例として紹介していると考えられる。文章中の記述をもとに、事例選択に際して、次の3点を考慮したのではないかと考えられるようにしたい。①「大豆そのものを加工、または大豆が主材料の食品であること」、②「昔から食べられている食品であること」、③「日本国内で作られている食品であること」の3点である。

3年〈説明文〉 すがたをかえる大豆

STEP
3 **単元を構想する**

1. 本教材で身に付けさせたい資質・能力

〈知識・技能〉事例相互や、筆者の考えと事例との関係について理解することができる。
　（(2) 情報ア）

〈思考力、判断力、表現力等〉事例の順序性や分類の仕方などの段落相互の関係に着目
　し、説明における筆者の工夫を捉えるとともに、事例の選択の意図などをもとに筆者の
　考えを捉えることができる。（C 読む（1）ア）

〈学びに向かう力・人間性等〉説明の特徴や工夫に気付き、進んで自分の考えを伝えよう
　としている。

2. 単元名

せつめいのくふうについて話し合おう

3. 単元の概要

　学習した本教材の説明の工夫について、「『すがたをかえる大豆』の説明のくふう事典」
としてまとめることを、単元の最終的なゴールとして設定している。

　単元の中心となるのは、筆者が説明においてどのような工夫をしているかを話し合う活
動である。

　第一次で書いた初読時における考えを、第三次で振り返ることで、子供たちが、本単元
を通しての学びや変容を自覚することができるようにしている。

4. 指導のポイント

主体的な学びのポイント　「考えたくなる学習課題」や「しかけ」

　「○○について考えよう！」という「ねらい」を直接的に示すようなめあてが一般的だ
が、子供たちはそのことについて「考えたい！」と思っているだろうか…。

　まずは、子供が「えっ…」と驚いたり、「それはね…」と身を乗り出したり、「いや…」
と否定したり、「だから…」と反論したりしたくなるような学習課題や「しかけ」を設定
し、そこから徐々にねらいへとつなげていくようにしたい。

　例えば、「事例の順序」における「説明の工夫」について考えさせたいならば、「事例の
順序について考えよう」ではなくて、本時のように「納豆の位置を煮豆の次に変えてもい
いかな？」と投げかけ、「事例の順序」へと自然に目が向くようにするのである。

　教えたい「説明の工夫」について、自然に目が向くような学習課題や「しかけ」を設定
することで、子供たち自身が発見的に学びを進めるような展開にすることができる。

5. 単元計画（全7時間）

第一次 説明のいいところを考える（第1時）

単元名にもあるように、本単元の学びの中心は、教材文における説明の工夫についてである。初めて読んだ時点で、説明のいいところだなと思った部分を挙げ、その理由を交流する活動を行う。

第二次 説明の工夫について話し合う（第2時〜5時）

「適切な問いの文を考える活動」、「事例の分類の仕方について考える活動」、「事例の説明の順序について考える活動」、「事例の選択の意図について考える活動」を行い、説明の工夫を捉える。

第三次 「すがたをかえる大豆」の説明のくふう事典をつくる（第6〜7時）

これまでの学習を「説明のくふう事典」としてまとめる（次の「書くこと」の単元でその事典を活用）。
〈指導上の留意点〉
◎既習の説明文にも当てはまることを確認するなど、「くふう」の汎用性にも気付けるようにしたい。

6. 中心となる本時の指導計画（第4時）

	学習活動	指導上の留意点
導入	○どんな事例が説明されているかについて確認する。	・「どんな事例が出てきましたか？」と問い、子供が挙げた順に、事例の写真を掲示していく。 ・掲示してある事例の順序が、説明の順序と異なるという発言を引き出す。
展開	○説明の工夫（事例の順序、分類）について考える。	・「先生は、どうしても納得できないことがあります！」と、納豆が6段落で説明されていることへの異議を唱えることで、子供の考えを揺さぶる。
終末	○本時に学習した説明の工夫についてまとめる。	・本教材における事例の説明の順序は、どのような順序と考えられるか（解釈）をまとめるだけでなく、「一般的に、説明文の筆者は、事例をどのような順序で説明したらいいかを考え、順序を工夫している」ということも確認する。

STEP 4 授業イメージ

1. 本時（第4時）の目標

・事例の順序を変えてもいいかを話し合うことを通して、事例を説明する順序について、筆者がどのような工夫をしているか解釈する。

2.「深い学び」のポイント

本時の読みは、「D〈形式〉を『解釈』する読み」である。事例の説明にどのような順序性があるかということは、意識的に考えたときに見えてくることである。

まずは「納豆を最初の方に説明することにしてもいいか？」と揺さぶりつつも、「よいorだめ」の議論に終始するのではなく、筆者がどのように考えてこの順序で説明しているかと、筆者の考えを解釈することで、「深い学び」を促したい。

とり入れる時期や育て方をくふうする

| えだ豆
（写真） |
| もやし
（写真） |

☆筆者は、なか間分けに気をつけながら、事れいのじゅん番を、全体や、だん落でくふうしている。

大豆だと、分かりにくい

すがたがとてもかわっているのも　おどろき！

3. 授業の流れ

1　9つの事例を確認する

どんな食品が出てきたかな？

まずは、本教材における事例と、その説明の順序について確認を行う。

「どんな大豆食品が出てきたか」を問い、子供が発言した順に、食品の写真を黒板に掲示していく。それを見た子供たちから、「順番が違う」という声があれば、黒板上の写真の順番を説明されている順序に並べ替える。そのやり取りを通して、事例の説明の順序性について意識することができるようにする。

2　事例説明の順序の意図を考える

先生は、納得できないことがあります。納豆がこの位置はおかしいと思うのです！

「納豆がこの位置はおかしい！もっと前の方、煮豆の次に紹介した方がいいと思う！」と教師の考えを示す。その際、「先生の気持ち分かる？」と問いながら、黒板上の「納豆の写真」を「煮豆の写真」の下に移動させることで、視覚的にも教師の提案（姿の変化に着目した事例の順序性）を捉えやすくする。その上で、「では、この位置で説明する筆者の気持ちは？」と問い、筆者の意図の解釈を促す。

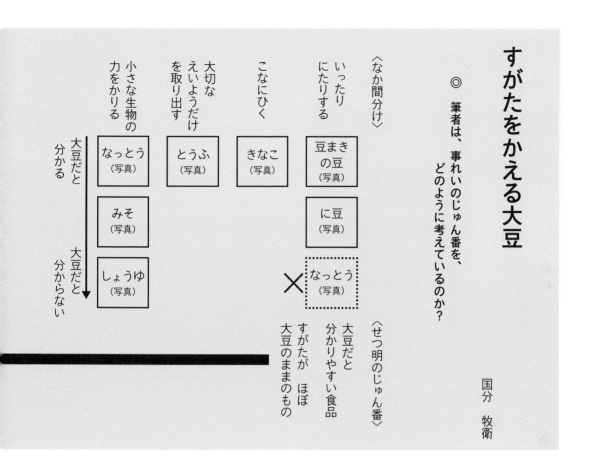

3 段落内の順序の意図を考える

では、仲間分けが崩れないように、段落内で順序を入れ替えるのはOKだよね？

「筆者は、作り方などを考えて事例を5つに仲間分けしている。そのことも考えながら、できるだけ姿が変化していたり、読んだ人が驚くような順序にしているようだ。」という考えを、まずは共有する。

その上で、「段落内ならいいよね？」と、第6段落を「みそ→醤油→納豆」にすることを提案。段落内においても、姿の変化が大きいものは後半に説明しているようだという解釈を共有したい。

4 筆者のくふうをまとめる

今日見つけた筆者の「せつめいのくふう」をまとめよう！

本時の学習を振り返り、筆者が行っていると考えられる「せつめいのくふう」を整理する。一つ目は、「仲間分けに気を付けながらも、姿の変化が大きいものを後半に説明していること」、二つ目は、「全体を通してだけでなく、段落内でも姿の変化を考えた順序にしていること」である。

学習内容は、他の説明文の読みにも活用できるように抽象化した上で、板書で示したり、口頭でまとめたりしたい。

ごんぎつね

4年〔文学〕

単元名：前話をつくろう
光村図書・東京書籍・学校図書・教育出版／4年

野中太一（暁星小学校）

STEP 1 「深い学び」を考える

1. 「深い学び」とは「オーセンティックな知」を獲得する学習

　「深い学び」とは、いわゆる「学び」と同じものを指すと考えられる。では、「深い学び」と名付けた意図はどこにあるのだろうか。それは、「『オーセンティックな知』を獲得する授業を目指す」という授業像の強調にある。松尾知明は、『未来を拓く資質・能力と新しい教育課程』（2016 学事出版）の中で、「オーセンティックな知」とは「真正な知」であると述べている。ここでいう「真正な知」とは「活用できる知識」を指す。「教科内の単元を越えて働く教科固有の知識」や「教科の枠を越えて働く汎用的な知識」を身に付ける学びということである。「オーセンティックな知」が身に付く授業とそうでない授業とは、授業過程が異なる。いわゆる「どのように学ぶか」が重要になる。

　〈子供が「オーセンティックな知」を獲得する授業の条件〉

①教師が、子供が単元で身に付ける指導事項を具体で表現することができる。

②教師が、教科固有の目標（指導事項）のみでなく、その単元や授業を通して、どのような汎用的能力を育むのか具体的に掲げている。

③子供が、単元の見通しを必然をもって把握している。

④授業では、友達との考え方のズレが顕在化することで、「小さな問い」が生まれる。

⑤授業で生まれた「小さな問い」の答えが指導事項に直接結び付く。

⑥教師が、子供の考えの拠り所が具体化されるように、子供と子供の考えが「同じなのか異なるのか」、異なるとしたら「どこは同じでどこが異なるのか」が整理されるように、問い返したり、比較したりして、子供の考えを構造的に板書する。

⑦子供が、友達の真意を受け止めようと、質問したり、言い換えて確認したりする。

⑧子供が、友達の考えと自分の考えを対比、類比することで、自分の立場を明確にして、自分の考えを表現することができる。

　以上の条件を見てみると、子供が「オーセンティックな知」を獲得する授業には、対話が必要であることが分かる。対話によって、自分の考えと友達の考えにズレが生じたとき、多くの子供は主体的になる。「主体的・対話的」とは、その授業が「深い学び」（オーセンティックな知を獲得する授業）になるための必要条件なのである。また、授業が「主体的・対話的」になるとき、子供たちの中に汎用的能力が育まれたり発揮されたりする。汎用的能力の一つに、上記の「⑦子供が、友達の真意を受け止めようと、質問したり、言い換えて確認したりする」がある。この姿が授業中に見られるには、友達を慮るという能力が欠かせない。それは、「学びに向かう力・人間性」につながる。

STEP 2 教材分析

1. 教材の概要と特性

　本教材は、〈場面分け〉がキーとなる。場面を「場所」で分けると、中心人物ごんの変容やきっかけ、こだわり続けたことが見えてくる。場面を「時」で分けると〈場面分け〉することができない。しかし、そこから、ごんがつぐないし続けた日数を想像する必要が生まれ、ごんの内面に迫ることができる。「場所」で〈場面分け〉して見えた「変容」「きっかけ」「こだわり」を、「時」で〈場面分け〉して見えた「心情」が支え、形式と内容の両面が生かされた形で主題に迫ることができる。

2. 「深い学び」につながる、働かせたい「見方・考え方」

時を表す言葉に着目して、日数の長さをイメージする	「ごんがつぐないを始めてから兵十にうたれるまで何日間あった？」この発問に対する子供たちの考えは必ずズレる。４日間から１か月間まで実に多様になる。「なぜ、こんなにも考えが異なるのか」という問いが生まれ、時を表す言葉に着目していく。次第に話題は「月のいいばんでした」の一文の解釈に焦点化される。「４日間」と発言した子は、その前の「次の日も」などから順番に数えているが、そうではない子は、この一文の前に書かれていない日数が存在していると解釈している。その日数の長さが「つぐない」の気持ちの深さに比例していく。
情景描写に着目して、人物の心情を想像する	中心人物の変容で大切なのは、その心情を想像する深さである。心情を想像する言葉には、直接表現と間接表現があり、間接表現には、会話文、行動描写、情景描写がある。ただ、情景描写の捉えにズレが生じる。「モズの声がキンキンひびいていました」の一文からは、多くの子がごんの清々しい気持ちを読み取るのに対して「辺りのすすきのほには、まだ、雨のしずくが光っていました」は、ごんの心情を表す情景描写かどうかの意見が分かれる。最後は、「青いけむりが、まだ、つつ口から細く出ていました」の解釈が中心になっていく。
中心人物の「変容」「きっかけ」「こだわり」から主題を捉える	作品の主題は、クライマックスがどこかによって解釈が異なる。クライマックスは、中心人物の変容点である。ごんの変容点はどの文かを考えると、「ちょっ、あんないたずらをしなけりゃよかった」と「ごんはだまってうなずきました」の二つが浮かぶ。前者はごんの変容が誰の目にも分かる。ところが、ごんが「こだわり続けたこと」に目を向けると、「一人ぼっちは嫌だ」という心情が見えてくる。「こだわり」の視点から見ると、クライマックスは後者となる。

４年〈文学〉　ごんぎつね

81

STEP 3 単元を構想する

1. 本教材で身に付けさせたい資質・能力

〈知識・技能〉「変容」「クライマックス」「こだわり」を活用して主題を読むことができる。

〈思考力、判断力、表現力等〉時を表す言葉や情景描写からごんの心情を想像することができる。（C 読む（1）エ）

〈学びに向かう力・人間性等〉友達の考えの真意を受け止めようと質問したり確認したりして、自分の考えと比べて読みを深めようとする。

2. 単元名

前話をつくろう

3. 単元の概要

　「ごんぎつね」の前話をつくることを言語活動におく。ごんがなぜ「いたずら」をくり返すようになったのかを、ごんが「一人ぼっち」にこだわることと結び付けて前話で表現する。そのためには、子供が「ごん」の心情を深く想像することが必要になる。それが、単元のねらいに結び付く。「兵十のおっかあが自分のいたずらのせいでうなぎが食べたいと言って死んでしまったという思いこみの深さ」「つぐないの日数」「引き合わないと感じてもつぐないを続ける心情」「だまってうなずいた時の心情」などが、「一人ぼっちは嫌だ」というごんがこだわり続けたことと結び付く読みをねらう。

4. 指導のポイント

主体的な学びのポイント　　初発の感想から読みや解釈のズレを顕在化して単元を見通す課題をつくる

　子供が既習の用語から「ごんぎつね」を読んだ感想を書けるようにしておく必要がある。子供の感想からは、次の課題が生まれた。「①登場人物を整理したい」「②何を基準に場面分けするといいだろう？」「③ごんの気持ちを想像したい」「④情景描写から何が想像できるか考えたい」これらは、子供の感想にズレがあったことで、「はっきりさせたい」「このことについて考えたい」という子供の願いになったものである。

対話的な学びのポイント　　課題に対する考えのズレが顕在化するように課題から小さな問いを立てる

　例えば、課題④「ごんの気持ちを想像したい」に対しては、「ごんがつぐないを始めてから兵十にうたれるまで何日間あった？」という小さな問いを用意する。すると、日数で子供の読みのズレが顕在化する。自分と違う日数を出した友達に対して「どうしてそう

思ったの？」という素直な対話が生まれる。

5. 単元計画（全9時間）

第一次　初発の感想を書く（第1時）
　　　　友達の感想に対する感想を書く（第2時）
　　　　友達の感想に対する感想を伝え合って課題をつくる（第3時）

〈指導上の留意点〉

　子供は、習得した「用語」を活用して『ごんぎつね』を読み、初発の感想を書く。教師が考えていた指導事項が学習課題になるように、初発の感想のズレが顕在化される感想を選び、子供に与えるようにする。

第二次　①〜④の課題を解決する（第4〜7時）

〈指導上の留意点〉

　例えば、「①登場人物の整理」の課題では、場面番号ごとに誰が出てきたかを書き出し、それぞれの関係を読み、ごんの歩いた道とその登場人物のいる場所や家の位置関係を把握する。この活動により『ごんぎつね』の土台をクラス全員で共有することができる。

第三次　前話を書き、読み合い、本文の解釈の交流をする（第8、9時）

〈指導上の留意点〉

　友達の「前話」を読むときには、ごんが「いたずらばかりするようになったエピソード」が「一人ぼっちにこだわり続けるようになった」こととどのように結び付いて書かれいるかを視点とする。

6. 中心となる本時の指導計画（第6時）

	学習活動	指導上の留意点
導入	○課題「ごんがつぐないを始めてから、兵十にうたれるまで何日間あった？」に対する考えを伝え合う。	・4日間から1か月と幅の広いズレが生まれる。「何で？」という子供のつぶやきを拾い、根拠を確認し合うような対話が生まれるようにする。
展開	○「時を表す言葉」に着目して、場面を分けをする。	・「時」を基準に場面分けをする中で、分け方に戸惑う部分や、一文で日数が経過していくものがあることを顕在化する。
終末	○「月のいいばんでした」まで、書かれていない日数が何日間あったかを想像する。	・本文中の「引き合わないなあ」「毎日毎日くれるんだよ」など、ごんの心情や日数が想像できる記述を押さえていく。

4年〈文学〉ごんぎつね

STEP 4 授業イメージ

1. 本時（第6時）の目標

・時を表す言葉がなくても時が変わることを知り、叙述からごんの心情を想像しながらつぐないの日数を想像することができる。

2.「深い学び」ポイント

ごんがつぐないを始めてから兵十にうたれるまでの日数の捉え方のズレを顕在化させる。4日間から1か月と予想以上のズレが生まれると思われるので、子供の「何で？」というつぶやきを拾い、叙述を根拠に自分の予想を伝えられる環境をつくる。

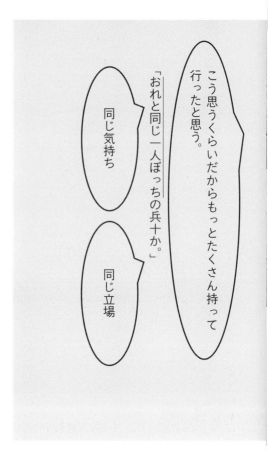

こう思うくらいだからもっとたくさん持って行ったと思う。

「おれと同じ一人ぼっちの兵十か。」

同じ気持ち

同じ立場

3. 授業の流れ

1　ごんがつぐないを始めてから、兵十にうたれるまでの日数を考える

何日間だったと思う？

「ごんの気持ちを想像したい」という子供の願いから上のような課題を出す。この課題がごんの気持ちを考えることとどうつながるのか疑心暗鬼の子供たちだが、友達とのズレが顕在化すると、次第にごんの気持ちを想像することが根拠となって、日数を想像していたことに気付くようになる。

板書に子供の発言した日数をそのまま書き、「どうして？」などのつぶやきを残し、対話が生まれる素地をつくる。

2　友達との考えにズレが生まれる理由を考える

どうして、こんなにズレるんだろう？

子供たちが、「どうして、四日間と思ったの？」など、素直に友達に聞き始めたら、そのまま対話を見守り、整理していくようにしたい。対話が続くと、「なるほど」「だったらさぁ……」といった発言が増えてくる。

子供同士の確認作業とも言える対話が一段落したら、上の発問で話題を焦点化したい。4場面の「月のいいばんでした」の前に書かれていない日数があるのかどうかが、話題の焦点となる。

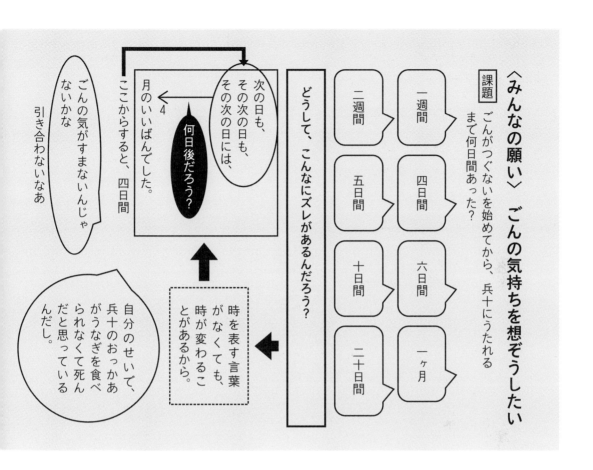

3 それぞれの考えの根拠を理解する

理由を聞きたい友達はいる？

　左の2の活動と順不同になると思われるが、子供の対話や思考の流れに沿って臨機応変に対応したい。

　子供は、4の場面に入る前に書かれていない日数が存在し、そこでもごんはつぐないを続けていると想像することが多い。「次の日も」「その次の日も」の表記は、くり返しの技法で、「何日間も」という意味だという解釈や、板書のような言葉からごんの気持ちを想像して日数を考える姿を大切にしたい。

4 あらためて課題に対する自分の考えをもつ

今は、何日間だったと思う？

　友達の考えに影響を受けて、文章全体から着目すべき叙述に目を向け、自分なりの考えを形成させたい。

　ノートには、根拠となる叙述を書くように伝え、その叙述の自分なりの解釈を理由として添えるように指示する。

　あわせて、「なるほど」と思った友達の考えや、見事だなと思った質問・確認の仕方などを振り返り書かせたい。自分たちの対話で学びを創り上げた充足感を味わわせたい。

4年〈文学〉　ごんぎつね

世界でいちばんやかましい音

4年（文学）

単元名：おもしろさのひみつをさぐろう

学校図書／4年

江見みどり（晃華学園小学校）

STEP 1 「深い学び」を考える

1. はじめに

　子供が言葉や文章に出合いながら、「言葉による見方・考え方」を働かせ、子供自身がもっている「言葉による見方・考え方」の概念が豊かに更新されたり深化・拡充されたりする学びが、「深い学び」であると考える。子供が「何を学び、それを使って何ができるようになったか」を問う「深い学び」は、学びを実感し、汎用的な資質・能力を育むことをねらいとする。なお、汎用的な資質・能力を私は次のように捉えている。

- ・自ら課題を発見し、問いをもって、解決していく力
- ・論理的な思考力（比較・分類・類推・仮定など）を働かせて、自分の考えをつくり課題を解決していく力
- ・根拠や理由を説明したり、相手の立場や考えを受け止めながら発言を聞いたり質問したりする力
- ・教材の論理を糧とした表現活動ができる力、表現の工夫を追求する力
- ・言葉やものに対する見方や考え方が更新されていく力、言葉への自覚が高まっていく力
- ・新たに獲得した知識・技能を、既存の知識・技能と関連付けたり組み合わせたりしながら、他の学習活動や単元、生活場面で積極的に活用していく力

　そして、そのためには、次のことが必要かつ重要だと考えている。

◆3段階の課題解決的な学び……第1段階で思考のズレを使った問いを設定する。この問いが追究の原点であり、教材に主体的に向かう力となり、考えのズレが学び合う必然性を生む。第2段階で原理原則を使いながら問いの解決を図る。ここに対話的で深い学びが生まれる。そしてここで働く思考活動の因子が汎用的な力の基になる。第3段階で読むことから表現に拓く。これが、さらに子どものもっている言葉の概念の深化・拡充につながり、汎用的な力となって発展する。

◆使える知識と技能を身に付け、子供が「読めた！」「解決できた！」と実感したり、読みを自覚したり身に付いた力を認識したりできるような学び。これは、論理的に思考するとき、自分の思いを表現するとき、また他教科で思考・判断していくときにも使える汎用的な力となる。ただし、身に付けた知識・技能が絶えず更新され、バージョンアップされていくようなプロセス、系統的なつながりを大事にしたい。

Ⅱ　定番授業で考える「深い学び」をうむ国語授業づくり

STEP 2 教材分析

1. 教材の概要と特性

　世界でいちばんやかましい音を聞きたがっていた王子が、生まれて初めて自然の音を聞いたことによって、沈黙の世界の素晴らしさに気付く話。また、ガヤガヤの都が世界でいちばんやかましい町から世界でいちばん静かな町へと転換する話。題名や登場人物の人物像、設定、場面構成、繰り返し使われる言葉や表現がテンポのよい展開を生み、読者を惹き付けていると同時に、題名と正反対のどんでん返しの結末は、読者に物語の意味について改めて考えさせるものとなっている。

2. 「深い学び」につながる、働かせたい「見方・考え方」

二重構造をもつ3部構成	「はじめ」「中」「終わり」の三つに分けられるが、「中」がさらに「はじめ」「中」「終わり」に分けられるという、二重構造になっている。中心人物である王子の変容が、第2場面と第7場面で対比的に述べられ、それを囲むように第1場面と第8場面で町の人々や様子が変わったことが対比的に述べられているので構造を捉えやすい。中心人物は誰なのかを話し合うことを通してこの構成に気付かせる。
「はじめ」と「おわり」を比較する	「はじめ」と「終わり」を比較して、登場人物の変容や物語の展開のおもしろさを読み取っていく。「はじめ」と「終わり」で変化したものは何か、王子様の変容のきっかけは何だったのかを話し合う。一人の奥さんが思いついたことがきっかけとなり、そのことが繰り返されたことによって結末が変わったことに気付かせる。そしてそこから生まれてきたもの＝主題、自然のありのままの素晴らしさ、美しさを考えられるようにする。また、王子様の変容をきっかけに、ガヤガヤの町が世界で一番静かな町になったこと、町の変化も比べられるようにする。王子様の変化と関連付け、変化が変化をよぶ面白さを捉えさせる。
物語のおもしろさ・題名に込められた作者の意図	この物語は、設定や構造、繰り返した表現や展開などにおもしろさがあるが、作者がなぜこの題名にしたのかを考え、題名と正反対の結末のおもしろさに作者の意図があることに気付かせる。また、中心人物である王子がこだわり続けたものを題名と比較して考えさせ意味付けることにより、作品のテーマに迫れるようにする。

4年〈文学〉　世界でいちばんやかましい音

STEP 3 単元を構想する

1. 本教材で身に付けさせたい資質・能力

〈知識・技能〉中心人物の変容や因果関係を捉えることができる。
〈思考力、判断力、表現力等〉作品のおもしろさと作者の意図や主題を考えることができる。
〈学びに向かう力・人間性等〉問いを解決しながら、作品のおもしろさの秘密を探ろうとする。

2. 単元名

おもしろさのひみつをさぐろう

3. 単元の概要

　まず、題名から音をイメージさせ、「その時こくが来たら、……さけぶことになっていました」までを読み聞かせ、続きがどんな展開になるか予想させる。そして、予想した展開と物語の展開とのズレから、個々に問いをもたせる。全文を一文でまとめた後、中心人物やこの物語のおもしろさについて語る。次に、三部構成を捉え、「はじめ」と「おわり」を比較しながら、登場人物の変容や物語の展開のおもしろさ、逆転のおもしろさを読み取り、おもしろさの秘密に迫っていく。最後に、作者がなぜこの題名を付けたのか、作者の意図を考えるとともに、この物語のおもしろさについてまとめる。また、なぜ「おわり」には歌がないかを考え、「おわり」の場面に合う歌をつくる。

4. 指導のポイント

主体的な学びのポイント　児童が予想した展開と物語の展開のズレから問いをつくる

・題名や途中まで読んで予想した展開と、全文読んだ後のズレからくる問いを大切にする。
・中心人物の変容とその因果関係を捉えるために、一文で書く方法を活用する。
・作品のおもしろさを分類することで、「おもしろさの秘密に迫る」という読みの課題をもたせる。

対話的な学びのポイント　問いを解決するために話し合い、原理原則を使って検証する

・「はじめ」と「おわり」を比較し変化したものを挙げさせる。また、どこで変わったかというクライマックスの一文を見つけ、話し合わせる。
・逆思考の読みを活用し、対話する中で、因果関係を捉えられるようにする。
・論理的なおもしろさの仕掛けが作品のおもしろさになっていることに、対話を通し気付けるようにする。

その他のポイント　一文にまとめる

・一文で書くとき、町の変化を書けばよいのか、王子様の変容を書けばよいのか迷うところだが、両方の変容を取り入れた一文を表現できるようにすることも必要である。

5．単元計画（全5時間）

第一次 物語の全体像をつかみ、共通の土俵をつくり、学習課題をつくる（第1時）

　題名からあらすじを想像し、物語の続きを予想しながら読む。全文を読み、物語を一文でまとめ、中心人物について話し合い、物語のおもしろさを見つける。

〈指導上の留意点〉

◎予想した展開と物語の展開のズレから、個々に問いがもてるようにする。また、この物語のおもしろさを分類し、学習課題をつくる。

第二次 中心人物の変容とその因果関係を読み、おもしろさの秘密に迫る（第2〜3時）

　三部構成を捉え、「はじめ」と「おわり」を比較して、登場人物の変容や物語の展開のおもしろさ、逆転のおもしろさを読み取る。変化したものは何か、どのように変わったか、どうして変わったかという因果関係を捉える。

〈指導上の留意点〉

◎変容したことが分かる一文（クライマックス）を見つけ、結末からの逆思考の読みを手掛かりとして、中心人物がこだわり続けたものを捉えられるようにする。

第三次 作者の意図と作品のおもしろさをまとめる（第4〜5時）

　作者がなぜこの題名をつけたのか、作者の意図を考えるとともに、この物語のおもしろさについてまとめる。また、なぜ「おわり」には歌がないかを考え、「おわり」の場面に合う歌をつくる。

〈指導上の留意点〉

◎中心人物がこだわり続けたものを意味付けられるようにする。捉えた変容を歌で表現する言語活動を行うことにより、児童の読みを評価できるようにする。

6．中心となる本時の指導計画（第5時）

	学習活動	指導上の留意点
導入	○なぜ「はじめ」には歌があるのに、「おわり」には歌がないのか考える。 ○歌をつくるという学習のめあてをもつ。	・「はじめ」と「おわり」を比較し変化したものを押さえる。 ・「おわり」に歌がない理由を考えさせ、交流させる。
展開	○歌をつくるための条件を話し合う。 ○世界でいちばん静かで平和になった町の歌をつくる。 ・「はじめの歌」と対になるための条件を考えてつくる。	・「はじめ」と「おわり」の対比を意識して作るようにする。構成は5行であること、音数を揃えることや最後の行を擬態語や擬音語にすることなど制限を加える。
終末	○つくった歌を交流する。	・評価の観点をもって、条件や内容との整合性を吟味しながら交流する。

STEP 4 授業イメージ

1. 本時（第5時）の目標

はじめの歌と対比しながら、「世界でいちばん静かな町」の歌をつくる。

2.「深い学び」ポイント

立て札は変化前、変化後があるのに対し、町の人たちが歌う「うた」が「おわり」には書かれていないので、なぜ「おわり」には歌がないかを考え、「おわり」の場面に合う歌を創作する。これは、対比という視点で教材をさらに深く捉え直すとともに、読み取ったことを基に物語の内容と整合性のある創作活動によって、新たな論理に気付いたり、評価の観点をもって交流したりという学びにつながる。

```
とびらを　静かに
しめましょう
ゆかは　つまさき
しのびあし
昼間は　本を
夜　夢の中
しんしん　しんしん
```

```
とびらは　そうっと
音立てず
ゆかを　そろりと
あるきましょ
昼間は　散歩
夜　安らいで
すやすや　ぐっすり
```

3. 授業の流れ

1　なぜ「はじめ」には歌があるのに、「おわり」には歌がないのか考える

「はじめ」には歌があるのに、「おわり」には歌がないのはどうしてでしょう。
世界でいちばん静かで平和な町の歌をつくってみましょう。

「はじめ」と「おわり」の立て札の対比表現を確認するとともに、変化したものを押さえる。

「はじめ」には歌があるのに、「おわり」には歌がない理由を考えさせ、交流する。

町が静かになり、騒がしくなくなったから歌も必要なくなったのではないかという考えが出てきてもよい。

そこから、世界でいちばん静かで平和な町の歌をつくってみようと提案する。

2　歌の条件を話し合う

はじめの歌と対になるためには、どんな条件が必要でしょうか？

「はじめの歌」と対になるための条件を考え、物語全体の意味を反映させるような歌をつくることを課題にする。

はじめの歌を音読し、ノートに視写する。

構成は5行、各行の始めは基本「とびら」「ゆか」「昼間」「夜」にすること、また、音数を揃えることや最後の行を擬態語や擬音語にする（繰り返し）といった条件を確認する。このことによって、歌にリズムが生まれることも意識させる。

これらの条件は評価の観点にもなる。

世界でいちばんやかましい音

ベンジャミン・エルキン

```
「はじめ」これよりガヤガヤの都
       世界でいちばんやかましい町

  とびら をバタンとけっとばせ

  ゆか をドシンとふみ鳴らせ

  昼間 はわめき

  夜、高いびき

  ガヤガヤ ガヤガヤ

「おわり」ようこそ ガヤガヤの都へ
        世界でいちばん静かな町
```

←―――― 対比 ――――

対ひを意識して、「おわり」のうたを考えよう

【条件】
☆静かで平和な町の様子が表れていること
☆こう成（五行）各行のはじめの言葉、音数
  ぎたい語・ぎ音語 くり返し →リズム

3 世界でいちばん静かで平和になった町の歌を作る

条件に合った歌をつくりましょう。

条件は板書しておき、自分で自分の書いた歌を評価できるようにする。

音数については、1、2音の差は認めるようにする。また、静かな町の様子を表していて、町の変化が分かるようになっていれば、各行の始めの言葉が変わっても、本文以外の事柄を考えて書いてもよいことを伝えておく。

ノートには、歌をつくるときに工夫した点なども記述させたい。

4 つくった歌を交流する

静かで平和な町の歌になっていますか？

全体で、条件や内容との整合性を吟味しながらつくった歌を交流する。

（評価の観点）
・「はじめ」と「おわり」の対比を意識してつくっているか。
・歌のようにリズムを意識しているか（音数や擬音語、擬態語など）。
・静かで平和な町の様子を表現できているか。

ウミガメの命をつなぐ

単元名：「ウミガメの命をつなぐ」ここがおもしろい
教育出版／4年

梅田芳樹（学習院初等科）

STEP 1 「深い学び」を考える

1. はじめに

　私は、まず「深い学び」を「主体的・対話的で」と切り離せないと考えている。次に、新学習指導要領で示されている「内容」は、「主体的・対話的で深い学び」を示していると考える。そして、その「内容」は、各教科で指導したい「見方・考え方」も示していると考える。

　それゆえ、新学習指導要領で示された「内容」は、「主体的・対話的で深い学び」であり、その「内容」は、国語科では「言葉による見方・考え方」であると考える。

2. 4年の説明文の授業で、大事にしたい「言葉による見方・考え方」

　説明文の授業で大事にしたい「言葉による見方・考え方」は、新学習指導要領に示されている説明文に関わる内容に示されていると考える。また、説明文の授業は、読むことだけでなく、説明文を書くことの指導も含むものと考える。

　以下は、第3学年及び第4学年の新学習指導要領の「内容」のうち、説明文の授業に関わると考えているものを抜粋し、まとめたものである。

3・4年生の説明文の授業で指導したい「言葉による考え方・見方」

○指示語や接続語、段落の役割を理解し、叙述を基に、筆者の考えとそれを支える理由や事例を捉えること。

○相手や目的を意識して、中心となる語や文を見つけて要約すること。

○説明文を読んだり書いたりして感想や考えをもち、それを支える理由や事例を、比較や分類によって明確にすること。そして、互いの感想や考えを他人と共有し、感じ方の相違に気付くこと。

○説明文を読むこと書くことが、必要な知識や情報を得ることに役立つことに気付くこと。

STEP 2 教材分析

1. 教材の概要と特性

　①②段落で、水族館の実験の一つを紹介し、③④⑤段落で研究のきっかけを説明し、⑥〜⑲段落は、取り組み始めた順に四つの実験について説明している。⑳段落で、文章全体をまとめている。記述の順に対して年代が前後することがあり、構成を捉えるのが難しい。

おわり	なか				はじめ	
まとめ	事例4	事例3	事例2	事例1	課題	話題
⑳	⑲ ⑱ ⑰	⑯ ⑮ ⑭	⑬ ⑫ ⑪ ⑩	⑨ ⑧ ⑦ ⑥	⑤ ④ ③	② ①
水族館の役割	ウミガメの行動を明らかにする実験			ウミガメを増やす実験	研究の目的ときっかけ	最新の（事例4）
	送信機を使って	タグを使って				
	戻ってきたウミガメ	日本で放流したウミガメ		人工の砂浜で、生まれたウミガメ	水族館の近くで産卵するウミガメの保護	送信機をつけて生活の様子をさぐる
生活を明らかにし、保護に役立てる役割がある	卵を産むまでどのような生活をするか	ハワイの北西で成長し、自分の力で日本に戻るという考察	海流に乗ってアメリカまで運ばれ、海流に乗って日本に戻るという考察	世界で初めてたまごから子ガメをかえすことに成功		

2.「自主的・対話的で深い学び」につながる、「言葉による見方・考え方」

比較や分類
　四つの事例を、「目的」「方法」「結果」「考察」に分類して表にする。表にすることによって、事例の比較がしやすくなり、それぞれの事例の特徴や役割が見えてくる。

目的
　読んだ内容から、興味をもったことを明確にする。
　「ウミガメの行動」「研究成果」「研究方法」などの切り口を示し、興味の中心となる事柄を決める。教科書には「筆者の説明の仕方」があるが、要約指導には向かないと考えるので、文章の内容に限定したい。

要約
　興味をもったことと関係のある言葉を抜き出し、紹介文をつくる。
　紹介したいことに沿って、本文や表から書き抜いた言葉を、順序を考えて構成して要約する。要約には、三つの捉え方があると考える。
① 　文章全体の内容を短くまとめること
② 　文章のある部分の内容を短くまとめること
③ 　自分にとって必要な情報を文章から抜き出してまとめること
　教科書はこの単元で、③を求めている。

4年〈説明文〉　ウミガメの命をつなぐ

STEP 3 単元を構想する

1. 本教材で身に付けさせたい資質・能力

〈知識・技能〉比較や分類の仕方を理解し使うこと。((2) ア)

〈思考力、判断力、表現力等〉目的を意識して、中心となる語や文を見付けて要約すること。(C 読む (1) ウ)

〈学びに向かう力・人間性等〉各人の感じ方の違いに気付いて、それぞれの感じ方を尊重し、視野を広げ、感受性を豊かにしようとする。

2. 単元名

「ウミガメの命をつなぐ」 ここがおもしろい

3. 単元の概要

　研究の事例に着目することによって、①②段落のウミガメと⑱⑲段落のウミガメが同じものなのか、子どもの読みに「ズレ」が生じる。また、年代が行き来するところがあり、読解が難しい。その解決のために、事例の内容を理解するために項目に分けてまとめ、表にして事例を整理する。そして、表を活用し、事例の特徴や研究の進展に気付けるようにする。次に、読んで興味をもったことを紹介する活動を通して、読解のために使用した表を活用しながら要約の仕方を学んだり、感じ方の違いについて気付かせたりする。

4. 指導のポイント

分類や比較のポイント　事例を構成する項目を挙げて表にまとめる

　まず、事例は、水族館のウミガメの保護を目的とする取組を示していることを押さえる。次に事例の数を問う。初めの事例でどんなことが分かったのか「目的」「問題」「方法」「結果」「考察」などの項目に分けて整理する。二つ目の事例も同様に整理し、三つ目の事例を整理するときに、それぞれの事例を比べやすくする方法を問い、表にまとめるようにする。

要約のポイント　紹介したいことを明確にし、それに関係する事柄を短い言葉で抜き出し、その言葉を分かりやすく伝わるように順番に並べる

　まず、要約指導の前に、教科書の例を使って紹介文の全体像をつかませる。「題名」と「はじめ」に、興味をもったことの中心を書き、「なか」で、興味をもったことについて要約を書き、「おわり」に感想を書くことを示す。次に、本文や表から紹介したい言葉について傍線を引いたり、付箋やカードに書き出したりする。その言葉を、伝わりやすいように順番を考えてつなげ、紹介したいことを要約する。

5．単元計画（全 9 時間）

第一次 | 表を使って文章内容を理解する（第1〜5時）

四つの事例を捉え、項目別に内容をまとめ表にする。
〈指導上の留意点〉
◎「取組」をキーワードにして「事例」を捉えさせる。

第二次 | 読んでおもしろかったことの紹介文を作る（第6・7時）

紹介したいことの要点を、文章に傍線を引いたり、第一次で作った表を利用したりして明確にして、要点をつなげて要約し、紹介文をつくる。
〈指導上の留意点〉
◎おもしろさの切り口を示し、紹介文の例文を示す。
◎第一次で作った表の活用を促す。

第三次 | 紹介文を発表する（第8・9時）

他者の紹介文を読んだり聞いたりして、自分との感じ方の違いを知る。
〈指導上の留意点〉
◎よさに着目させ、見方や視野を広げることができるようにする。

6．中心となる本時の指導計画（第6時）

	学習活動	指導上の留意点
導入	○興味をもったことについて話す。 ○紹介文を書くという課題をもつ。	・興味をもったことについて知りたくなるよう、各人の違いに着目する。
展開	○紹介文の書き方を理解する。 ・紹介文の構成を理解する。 ・紹介したいことの中心を決める。 ・要約の仕方を理解する。 　・要点を理解する。 　・表の活用の仕方を理解する。	・教科書の紹介文の例を活用する。興味別にどんな内容を本文や表から抽出したらよいか、一斉指導で詳しく教える。紹介したいことの中心を明確にし、興味別に子供同士が相談できるようにしてもよい。表は、プリントして配布してもよい。
終末	○要点を繋げて要約する。 ・要点を書き出す。 ・書き出した要点を、どのような順番でつなげるかを決める。 ・要約を書く。	・まず、本文や表の要点となる箇所に傍線を引く。次に、要点の順番を決めるために、カードや付箋に要点を書き出すとよい。

4年〈説明文〉　ウミガメの命をつなぐ

STEP 4 授業イメージ

1. 本時（第6時）の目標

・要約の方法を理解し、文章を読んで興味をもったことに沿って要点を抽出して要約し、紹介文を書くことに生かそうとする。

2.「深い学び」ポイント

　各人の興味に焦点化するので、興味や関心をもって自ら進んでという主体的な学びが期待される。また、自分は、読んで何に興味をもったのかという、自分が文章から受けた影響に着目することになり、対話的な学びも成立する。そして、紹介文を作る活動を通して、文章から要点を取り出す方法や、要点をつなげることによって、自分の伝えたいことを簡潔にまとめる方法を学ぶことができ、言葉による見方・考え方が身に付く。

	1	2	3	4
目的	たまごを産ませかえす	行動を明らかにする	いつ、どこを泳いでいるか調べる	日本にもどってからの生活を調べる
方法	水族館の人工のすなはま	子ガメにタグをつけて放流	送信機をつけて二百ぴき放流し記録	日本にもどったカメに送信機をつけ、もう一度放流
結果	平成七年に成功	アメリカの海岸で見つかる	ハワイの北西の海に流されとまる海流に乗らずもどる	
考察		海流に乗って、アメリカに運ばれ、日本にもどる	ハワイの北西の海は成長によい自力でもどる	

3. 授業の流れ

1　興味をもったことを話す

「ウミガメの命をつなぐ」を読んで、どんなことに興味をもったかな。

　子供の発言を、興味の視点別に、「ウミガメの行動」「研究の成果」「研究の方法」「水族館の取り組む姿勢」などに分けながら聞く。それぞれ、興味をもつところに違いがあることを確認し、互いにどんなことに興味をもったのか紹介するように促す。

　教科書の手引きに従い、興味をもったことについて本文に沿って要約し、紹介文を書いて、互いに感じたことを分かち合うという学習課題をもつ。

2　紹介文の構成を理解する

どのような順番で紹介文を書いたらよいか、教科書を読んで確かめよう。

　要約の仕方の前に、紹介文の構成を確認する。題名は、興味をもったことを簡潔に表すことを確認する。

　構成は、三部構成で、「はじめ」に興味をもったことをまとめて話題を示し、「なか」で興味をもったことの中身の説明し、「おわり」に感想を書くことを確認する。

　この時点で、再度、それぞれの子供が、どのような視点で興味をもっているのかを明確にしたい。

ウミガメの命をつなぐ

松田 乾

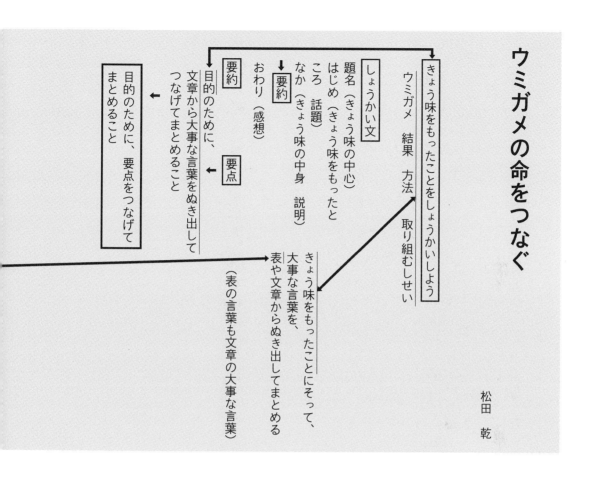

3 要約の方法を知る

「要約」とは、「目的のために、要点をつないでまとめること」である。

　まず、「目的のために、文章から大事な言葉を抜き出して、つないでまとめること」を「要約」と教える。そして、「文章から抜き出した大事な言葉」を「要点」と教える。表に書き出した言葉も「文章から抜き出した大事な言葉」であるので、「要点」になると教える。つまり、「目的のために、要点をつないでまとめること」が「要約」である。

　一斉指導で、各興味の表や本文から要点を抽出する方法を教える。

4 要点をつなげて要約する

伝えたいことがよく分かる順番で「要点」をつないで、要約を完成させよう。

　興味別にグループを作り、協力して要約できるようにしてもよい。表や本文の要点に傍線を引かせたり、要点を付箋やカードに書き出したりすることによって、協力しやすくなる。また、付箋やカードは、要点を適切な順番に並べるために活用できる。

　並べた要点をつなげて、要約する。

※ひとまとまりの活動としてここまで書いたが、1時間の授業内容としては盛り込みすぎていると考えている。

大造じいさんとガン

単元名：表現効果の解説書を作ろう—表現の効果はどれくらい？—

光村図書・東京書籍・学校図書・教育出版／5年　　　　大澤八千枝（広島県・三次市立十日市小学校）

STEP 1 「深い学び」を考える

1. はじめに

　「深い学び」とは、児童が文章に出会ったときの反応から問いをもち、その問いを論理的に解決していく、そして、新しいものの価値やものの見方を獲得し自分の考えを創り上げることだと捉えている。

　内容を確認するだけの授業や自由にイメージを広げる読みで終始する授業では、確かな国語の力（基礎的・基本的な知識・技能）を身に付けさせることはできないし、ものの見方を広げることはできない。つまり、「深い学び」を実現することはできない。客観的な読みのための方法や技術、ものの認識力を身に付けさせることが必要である。また、文学を文字情報の一つとして捉え、児童が人物の行動や物語の構成、表現などを評価し自分の意見を創り上げていく活動が必要となる。

　国語科は、言葉を学ぶ教科である。物語を豊かに読むためには、「何がどのように書かれているか」を取り上げ、表現に着目した読み方の指導が必要であると考える。叙述を基に読むことはもちろん、「ことばのつながり・関係」を見つけ、その効果をいかに読むかが重要になる。

2. 子供の思考を重視した読み

　「主体的・対話的で深い学び」を実現するために、重要なことは、「課題づくりや課題解決に際して、子供自身のものの考え方・感じ方を優先すること」である。子供たちが教材に出会ったときの柔軟で素直な反応をスタートとして、問いをもちその問いを論理的に解決し、自分の考えを創り上げる。このような子供の思考の流れを重視した授業を行うことが重要である。

　この授業の実現によって、子供たちが本来もっている想像力や批判力が生かされ、様々な視点での考えが生まれる。また、自らの課題として学習の目的意識をもつことにより主体的に学ぶ力につながる。さらには、課題解決のために友達との関わりをもとうとする姿勢も期待できる。つまり、児童の思考・判断が生かされる課題解決の過程を設定することで、主体的・目的的な学習を実現し、自ら文章に関わり、「自分の読み」を創り上げることができる児童を育てることができると考える。

　これは、決して子供の思考に流される授業ではない。子供の思考を優先させながら、教師の論理を生かし、子供たちの思考を補充、修正、深化させていく。そのために私たち指導者は、教材研究によって自己の論理を創り上げなければならない。

STEP 2 教材分析

1. 教材の概要と特性

　本教材「大造じいさんとガン」は、狩人のプライドをもつ大造じいさんとガンの頭領「残雪」との、人間と動物という関係を超えた関わり合いの様子が描かれている。残雪を「たかが鳥」と見くびっていた大造じいさんが、おとりのガンを必死で助けようとする残雪の姿にふれ、「ただの鳥に対しているような気がしませんでした」と変容する。そして、「堂々と戦う相手」としての認識をもつに至る。この変容は、大造じいさんの人物像や生き方を反映しており、児童は、残雪や大造じいさんの行動を、感動をもって読み進めることができる。その表現の特質として、視点の転換、比喩・語り口調、情景描写などが挙げられ、それらの表現の効果を内容面と関連させながら、読む力を付けることができる。

2. 「深い学び」につながる、働かせたい「見方・考え方」

表現技法	表現の特徴である情景描写に焦点を当てる。物語中にちりばめられた情景描写が、単に人物の気持ちを表すだけでなく、物語全体のなかで、場面の移り変わりや人物像、人物の変容を表現する効果があることを考えさせ、主題と関連させて捉えさせたい。そして、物語をより味わい深く表現する効果を醸し出していることに気付かせる。 　その他、児童に捉えさせたい表現技法は、声喩・比喩・語り口調である。本単元では、これらの表現の効果をグループで考えさせ、交流する場を設けることで対話的な学習の場を設定する。
作品のメッセージ	この物語のメッセージは、大造じいさんと残雪との関係の変化に表れていると考える。そこで、大造じいさんの人物像や心情の変化を、表現技法と関連させながら読み、「大造じいさんと残雪の関係は○○から◇◇に変わった」と表現させる。そして、結末の大造じいさんの表情や情景描写から「真のライバルは生き方を変える」というテーマを捉えさせたい。
クライマックス	大造じいさんの気持ち・残雪に対する見方が最も大きく変わったところはどこだろう。子供の捉えは「何と思ったか再び銃を下ろしてしまいました」と「ただの鳥にたいしているような気がしませんでした」の大きく二か所に分かれる。ここで視点の転換を考えさせたい。また、後者では、大造じいさんには「ハヤブサと戦った残雪への感動」と「自分に対する行動への感動」があることを考えさせ、クライマックスを捉えさせる。

STEP 3 単元を構想する

1. 本教材で身に付けさせたい資質・能力

〈知識・技能〉 中心人物の変容や人物の関係から、物語のテーマに迫ることができる。

〈思考力、判断力、表現力等〉 人物像や人物の関係を、表現方法と関連付けて意味付け、効果的な表現を評価することができる。

〈学びに向かう力・人間性等〉「物語解説書」を書くという目的意識をもち、意欲的に文章を読もうとする。

2. 単元名

表現効果の解説書を作ろう ─表現の効果はどれくらい？─

3. 単元の概要

　まず、初発の感想で「内容面・表現面から考えたいこと、引っかかるところ」を書かせる。その中から、テーマに関わる意見や表現の特徴を捉えたものを取り上げ、「この物語の魅力は？」という学習課題を設定する。そして、4年間の大造じいさんの心情の変化を読み、残雪との関係から物語のテーマを捉えさせる。その後、物語中にちりばめられた声喩や比喩、行動描写・情景描写などの表現技法が人物像やテーマを表現する効果があることを捉えさせ、「表現効果の解説書」としてまとめさせる。捉えたテーマと表現技法の関連を考え、その効果を解説させる。それは、これからの読む活動に活用できる力となる。

4. 指導のポイント

主体的な学びのポイント

　初読で児童が感じた「物語の魅力」を交流する中で、大造じいさんの生き方や表現の特徴に関することを取り上げて学習課題を設定する。

対話的な学びのポイント

　表現の特徴である行動描写、語り口調、声喩、前書きなどの効果をグループで考えまとめさせる。その活動を通して、表現が人物の気持ちやテーマにつながっており、人物像や人物の変容を表す効果があることを考えさせる。グループでまとめた効果を交流させる際、全員に捉えさせたい表現を取りあげてその効果を捉えさせる。

その他のポイント

　捉えた表現の効果を「解説書」にまとめることと併せて、日記や作文など自分の文章に生かす取り組みを継続して行う。

5. 単元計画（全7時間）

第一次 物語を読み、気付きや感想から学習課題を設定する（第1〜2時）

・題名読みをし、学習材を読み読後感を交流する。内容面・表現面から課題を考える。
・「10の観点」や挿絵を基に、人物像や物語の設定、視点を捉える。
〈指導上の留意点〉
◎子供の気付きから表現に関するものを取り上げ、「これらの表現にはどんな効果がある？」という問いをもたせる。

第二次 大造じいさんと残雪の関係からテーマを捉える（第3〜5時）

・大造じいさんの残雪に対する見方の変容を読み取り、行動を意味付けテーマを捉える。
・情景描写と大造じいさんの心情を関連付けて読み、その効果を話し合う。
・色彩語、声喩、文体などの効果をグループで話し合い、まとめて交流する。
〈指導上の留意点〉
◎「ひきょうなやり方」「正々堂々」の意味から結末を意味付け、テーマを捉えさせる。

第三次 表現の効果を捉えて評価し、「解説書」にまとめる（第6〜7時）

　大造じいさんの心情や残雪との関係を表す効果的な表現を「解説書」にまとめて交流する。
〈指導上の留意点〉
◎表現の効果と併せて、「前書き」の効果も考えさせる。

6. 中心となる本時の指導計画（第5時）

	学習活動	指導上の留意点
導入	1　課題を確認する。 情景描写の効果はどのくらい？ 2　情景描写を確認する。	・情景描写がたくさん用いられていることを押さえ、その効果を考える。 ・取り上げた情景描写のどの言葉から、大造じいさんの心情が読めるかをおさえる。
展開	3　情景描写から人物の心情を読む。 4　情景描写と人物像や登場人物の関係を関連付けて読む。	・情景と心情の変化を関連付けて考えさせる。 ・意見が少ないと思われる情景描写はなくていいのか？　と問うことで、情景描写のつながりを捉えさせる。 ・情景描写と心情曲線をつなぎ、大造じいさんの思いと情景描写が重なっていることを視覚的に捉えさせる。 ・物語の全体のつながりを考えて結びの情景描写をつくらせる。
終末	5　情景描写の効果をまとめる。	・情景描写があるのとないのではどんな違いがあるのかを考えさせ、その効果を自分なりの言葉でまとめさせる。

STEP 4 授業イメージ

1. 本時（第5時）の目標

・文章中に用いられている情景描写を比較することを通して、情景描写と人物像や心情の変化の関連を考え、情景描写の効果を捉えることができる。

2. 指導と評価のポイント

情景描写が使われている場面を想起させる。そして、大造じいさんの気持ちの変化と重ねながら、情景描写には、情景と人物の心情の変化や場面の広がりを表すという効果を捉えさせる。

最後は、「情景描写の効果は ☐☐☐☐。それは、人物の心情を表現するだけでなく ☐☐☐ だからです。」の文でまとめさせ、情景描写のつながりを捉えているか評価する。

> 大造じいさんの人物像・生き方
>
> ……………
> いつまでも、いつまでも、見守っていました。
>
> **まとめ**
> 情景びょう写の効果は、大きいです。それは、人物の心情だけでなく、心情の変化も分かります。場面のイメージが広がる効果もあるからです。
>
> 大造じいさんの挿絵

3. 授業の流れ

1 情景描写を確認する

> 情景描写の中のどの言葉から、大造じいさんの気持ちが分かりますか？

まず、文章中に用いられている情景描写を確認させ、音読することで、情景描写があるのとないのとではどのようにイメージが違うかを比較させる。そして、この効果はどれくらいかスケーリング※させておく。

取り上げた情景描写のどの言葉から、大造じいさんの心情が読めるかを押さえる。「真っ赤に燃える」などの表現を押さえ、どんな気持ちが分かるか捉えさせていく。

※「とても」「まあまあ」「あまり」「全然」の中から選ばせる。

2 情景描写から心情を読む

> 大造じいさんの思いが一番伝わってくる情景描写はどれですか？

ネームプレートを使って、どれが一番か自分の意見を表させ、意見交流させる。

エでは、大造じいさんと残雪の関係が、真のライバルへと変わり、晴れやかな気持ちで見送っていることを押さえる。

子供の意見は、ウとエに集中するので、意見が少ない「アやイの情景描写はなくていいのか？」と問うことで、情景描写のつながりを捉えさせる。

大造じいさんとガン

椋鳩十

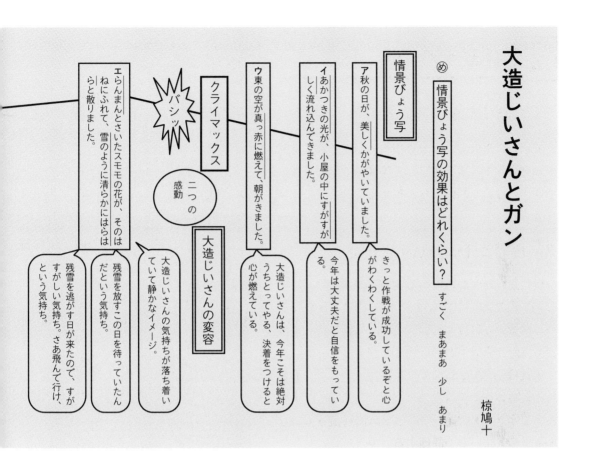

3 情景描写から心情の変化を読む

情景描写から大造じいさんの気持ちの変化が見えますか？

　クライマックスがどこにあったかを確認し、その前後で、情景描写の色が変化していることを大造じいさんの心情と重ねて捉えさせる。
　情景描写と心情曲線をつなぎ、大造じいさんの思いと情景描写が重なっていることを視覚的に捉えさせる。情景描写はその場面の人物の心情を表しているだけでなく、人物像や登場人物の関係と関連付けて読むことができることを押さえる。

4 結びの情景描写を考える

情景描写のつながりを考えて、結びの情景描写をつくってみましょう。

　残雪を見送る大造じいさんはどんな顔か考えさせる。満足している姿を想像させたい。
　そして、物語の全体のつながりを考えて結びの情景描写をつくらせる。「いっしゅん温かい風がふきぬけました。」「残雪が飛び去った後の空は輝いていました。」など。
　最後は、学習のまとめとして、情景描写があるのとないのではどんな違いがあるのかを考えさせ、その効果を自分なりの言葉でまとめさせる。

注文の多い料理店

単元名：物語のおもしろさの秘密を解説しよう
東京書籍／5年

倉田浩子（三重県・四日市市立川島小学校）

STEP 1 「深い学び」を考える

1. 新学習指導要領から見えてきたこと

　新学習指導要領では、「言葉による見方・考え方を働かせ、言語活動を通して、国語で正確に理解し適切に表現する資質・能力を育成することを目指す」という国語科の目標が示された。新学習指導要領解説国語編によれば、「言葉による見方・考え方を働かせるとは、児童が学習の中で、対象と言葉、言葉と言葉との関係を、言葉の意味、働き、使い方等に着目して捉えたり問い直したりして、言葉への自覚を高めることである」と記されている。

　新学習指導要領の高学年「知識及び技能」を見てみる。特徴的なのは、(2) ア「原因と結果など情報と情報との関係について理解すること」、イ「情報と情報との関係付けの仕方、図などによる語句と語句との関係の表し方を理解し使うこと」など、新設された「情報の扱い方」の項である。

　また、高学年「思考力・判断力・表現力等」を見てみる。文学的な文章の指導に特に関わる部分に着目するだけでも、B「書くこと」の項目では、(1) ア「目的や意図に応じて、感じたことや考えたことなどから書くことを選び、集めた材料を分類したり関係付けたりして、伝えたいことを明確にすること」（傍線は筆者による。以下同）、(1) イ「筋道の通った文章となるように、文章全体の構成や展開を考えること」などの下線部の表現が新出である。C「読むこと」の項目でも、(1) エ「人物像や物語などの全体像を具体的に想像したり、表現の効果を考えたりすること」(1) カ「文章を読んでまとめた意見や感想を共有し、自分の考えを広げること」(2) ア「説明や解説などの文章を比較するなどして読み、分かったことや考えたことを、話し合ったり文章にまとめたりする活動」などの下線部の表現が新出となっている。

　すなわち、新学習指導要領では論理的思考力育成の重視が明確に示されているのである。

2. 深い学びを生み出すために

　したがって、深い学びを生み出す日々の授業づくりにおいては、論理的に、文章全体の構造を意識させながら、「文章がどのように書かれているか。またその表現の効果はどうか」について、比較思考などを駆使して考えを整理していく学習過程の指導が重要である。

　また、文章を読んでまとめた意見や感想を共有し自分の考えを広げていくことについても、子供が進んで学習に取り組みたいと感じる単元構想の構築が重要となる。

STEP 2	**教材分析**

1. 教材の概要と特性

　典型的なファンタジー構造をもつ作品である。二人の紳士とともに、読者もまた、山猫軒の次々と現れる戸を開き、非現実の不思議な物語の世界の奥へ奥へと誘われていく。

　戸の言葉に込められた山猫の思惑と、二人の紳士の解釈のズレ。両者に共通する愚かさ。

　登場する二人の紳士は、本質的に何も変容しない。作品全体に、私利私欲に走る人間や世の中へのメッセージが込められている。

　物語の構造、中心人物の変容、メッセージなど様々な観点から、優れた表現の効果について考え、物語のおもしろさの秘密に迫り、自分の考えをまとめたり互いの考えを共有したりすることができる、深い学びができる題材である。

2. 「深い学びにつながる」働かせたい「見方・考え方」

ファンタジー構造 **入り口と出口**	典型的なファンタジー構造をもつ。「風がどうとふいてきて、草はざわざわ、木の葉はがさがさ、木はゴトンゴトンと鳴りました」の文がファンタジーの入り口と出口である。現実の世界から、非現実の不思議な世界へ。そしてまた最後は現実へ。 　ファンタジー構造を捉え、非現実の不思議な世界で起こる出来事を、扉の言葉とともに整理し考えさせることができる。
中心となる人物の変容	二人の紳士は、物語の始めと終わりで、変容したのだろうか。 　二人の紳士は、「顔がまるでくしゃくしゃの紙くずのようになり」元通りにならなくなる。しかし、性格や考え方は何も変わらない。 　二人の紳士の変わったことと変わらないこと、紳士と山猫の同じところ違うところは何かなど、物語全体を通して比較思考を駆使して考えることができる。
物語のメッセージの問い直しと意味付け	なんのために、山猫軒は二人の紳士の前に現れたのだろうか。山猫軒はこの二人の紳士の前に、再度現れることはないのだろうか。主体的・対話的に物語のメッセージについて考え、共有しそれぞれに問い直し、意味付けて自分の考えをまとめることができる。

5年〈文学〉注文の多い料理店

105

STEP 3 単元を構想する

1. 本教材で身に付けさせたい資質・能力

〈知識・技能〉 ファンタジー構造の特徴を理解することができる。

〈思考力・判断力・表現力等〉 物語の構成や表現の工夫を見つけて、作品のよさを解説することができる。（C 読む（1）エ）

〈学びに向かう力・人間性等〉 物語のおもしろさを解説することに意欲をもち、目的をもって読もうとしている。

2. 単元名

「物語のおもしろさの秘密を解説しよう」

3. 単元の概要

　「注文の多い料理店」を一読してそれぞれが感じた「物語のおもしろさ」について話し合う。そして、「物語のおもしろさの秘密を解説したい」という意欲を喚起し、学習課題とする。

　物語の構成を確かめ、戸に書かれた言葉に着目して山猫の思惑と紳士の解釈とのズレや紳士の変容などについて、比較思考などを駆使して読み、物語のおもしろさを整理する。

　単元の学習のまとめとして、物語のおもしろさの秘密について解説する文章をそれぞれが書き、互いに共有し、自分の考えを広げたりまとめたりする。

4. 指導のポイント

主体的な学びのポイント 「おもしろい！　ぜひこのおもしろさの秘密を解説したい！」
子供が、見通しをもって進めていくことができる学習展開

　既習の学習経験を生かし、「物語のおもしろさの秘密を解説したい」という気持ちをふくらませ、学習の見通しをもたせることができるようにする。

対話的な学びのポイント 「根拠や理由付けを明確にして、互いの考えを共有しよう」
子供が、整理し関連付けてまとめたことを共有することができる学習展開

　物語のおもしろさの秘密を見つける学習過程においては、課題や観点に基づいて、互いの考えを根拠や理由付けを明確にして表現させ、論理的に考えたり伝え合ったりすることができるようにする。

深い学びのポイント 「そのような見方・考え方もできるんだね」
子供が、考えをまとめたり広げたりすることができる学習展開

　物語のおもしろさの秘密を解説する学習過程においては、自分の考えを論理的に表現する学習場面を設定し、ものの見方・考え方を広げていくことができるようにする。

5．単元計画（全 10 時間）

第一次 「物語のおもしろさの秘密を解説しよう」という学習課題をもつ（第 1 時）

「物語のおもしろさの秘密を解説したい」という意欲を喚起し、学習課題とする。
〈指導上の留意点〉

　直感的な内容も含め、様々な点からの「おもしろさ」の気付きをたくさん出させる。

第二次 物語の構成を捉え、二人の紳士の言動や変容について考える（第 2〜6 時）

・ファンタジー構造に気付かせ、入り口と出口の一文を明確に捉えさせる。（**第 2 時**）
・戸に書かれた言葉に着目し、山猫の思惑と紳士の解釈とのズレについて話し合う。（**第 3〜4 時**）
・物語の初めと終わりの二人の紳士の言動を比較し、中心となる人物の変容について考える。（**第 5〜6 時**）
〈指導上の留意点〉

　戸の言葉を視覚的に分かりやすく掲示し、「紳士はどの戸で怪しいと思ったか」などの切り口から全員を学習に参加させていく。また、「二人の紳士は、この出来事を経験して変わったのか。変わらなかったのか」の発問は、物語のメッセージに関わる思考を深める上で有効である。

第三次 物語のおもしろさの秘密を解説する（第 7〜10 時）

・自分が一番紹介したいと考えるこの物語のおもしろさの秘密について、解説する文章に書く。（**第 7〜8 時**）
・それぞれの解説を聞き合い共有し、自分の考えをまとめたり広げたりする。（**第 9〜10 時**）
〈指導上の留意点〉

　説明的な文章の学習を生かし、文章全体の構成や展開を考え、伝えたいことを論理的に表現させる。

6．中心となる本時の指導計画（第 9 時）

	学習活動	指導上の留意点
導入	○「わたしが最も伝えたいおもしろさの秘密を紹介する」というめあてを確認する。	・解説文をもとに、自分の考えを論理的に学級のみんなに分かりやすく伝えるという目的意識と相手意識をもたせる。
展開	○「わたしが最も伝えたい物語のおもしろさの秘密」について、それぞれが説明し、互いの考えを共有する。	・説明的な文章の学習を生かし、全体の構成を考えながら、論理的に話させる。 ・自分の考えと比較して、説明を聞かせる。
終末	○互いの説明を評価し、わたしが最も伝えたかった物語のおもしろさの秘密について端的にまとめ表現する。	・友達の説明を聞いて、物語のおもしろさの秘密について、さらに見方・考え方が広がり深まったか振り返りをさせる。

STEP 4　授業イメージ

1. 本時（第9時）の目標

それぞれが前時までに自分が書いた解説文の中から、「わたしが最も伝えたい物語のおもしろさの秘密」を論理的に説明し、互いの考えを共有し自分のものの見方・考え方を広げることができる。

2. 「深い学び」のポイント

第7～8時では、解説文を書く活動を行った。本時は、その学習を踏まえて、さらに自分の考えの中から最も伝えたいことを絞り、論理的に説明させる。

自分の考えと比較しながら聞かせ、説明の工夫について互いに評価させる。最後には、自分が伝えた物語のおもしろさの秘密についてキャッチコピーを付けさせ、まとめとする。

> **怖いけれど、一度は入ってみたい山猫軒！**
>
> 戸を開けて中に入るとまた次の戸が……。わたしは、戸を開けながら物語を読み進めていくことができる仕掛けがとてもドキドキしていい工夫だと思いました。しんしたちが戸の言葉の通りにしたら、また戸。次の言葉がどんどん楽しみになりました。みなさんはどの戸の言葉が一番ドキドキしましたか。
>
> 戸を開けるたびに、さらに不思議で怖い世界が広がっている感じがして、このお話は本当におもしろかったです。怖いけれど、一度は入ってみたい不気味な山おくのレストランでした。

3. 授業の流れ

1　「わたしが最も伝えたい物語のおもしろさの秘密」を決める

「最も伝えたい物語のおもしろさの秘密はどれですか？」

ファンタジー構造や、戸の文言に対する紳士の身勝手な解釈、本質的に何も変容しない紳士の愚かさ、山猫軒の不気味さ、物語のメッセージなど、解説文の中から、自分が最も伝えたい物語のおもしろさの秘密を決めさせる。

それぞれが一つに絞って、物語のおもしろさについて表現することで、共有できやすく考えを深める学習になることを伝える。

2　「物語のおもしろさの秘密」についてそれぞれが分かりやすく説明する

「学級のみんなに分かりやすく伝えるためのポイントは何でしょうか？」

分かりやすく自分の考えを伝えるためには、「構成」を意識して、論理的に説明することが大切だと確認する。説明は、5分程度とする。

聞き手を意識して練習する時間を少し取る。具体的に物語の内容や書き方について紹介したり、自分の考えを抽象的にまとめたりして論理的に説明をさせる。聞き手を引き込むために、問題提起なども工夫させる。

わたしが最も伝えたい「注文の多い料理店」のおもしろさの秘密はこれだ!

「あまりにもどん感な紳士たち」

わたしは、戸の言葉についてしんしが思っていることと山猫が思っていることが、決定的にずれているのでそれが最高におもしろかったです。普通だったら、もっと早く気がつくはずなのに。あまりにもどん感すぎると思います。お互い弱虫なのに見栄を張って知ったかぶりをして、最後は顔がくしゃくしゃになるまで泣くしかできないなんて、最低です。

山猫も、結局え物を取り逃がして食べそこなっているのでかなりどん感だけれど、何でも都合のいいように解釈する力は、しんしたちが上手だと思います。

「こんな調子では、またきっとどこかに現れるよ。山猫軒!」

みなさんは、しんしたちの前にもう一度山猫軒が現れると思いますか。わたしはきっとまた現れると思います。

なぜなら、しんしたちは何も変わっていないからです。あんなに怖い思いをして顔がくしゃくしゃの紙くずのようになったにもかかわらず助かったと思いきや、すぐまたえらそうにいばり、お金で山鳥を買って帰り何の反省もしないからです。山猫も相当なおろか者だと思うけれど、しんしたちは山猫以上に自己中心的すぎます。

山猫軒のある非現実な世界は、人間の日頃の行いを振り返らせるための役目をしているのかなと思います。「非現実で不思議な世界が、お話が終わってもまだまだ必要だ!」と感じるところが、一番おもしろかったです。

---

3 友達の説明を評価し、自分の考えと比較しながら聞く

> 友達の説明のよいところを評価し、自分の考えと比較しながら聞きましょう。

ワークシートにメモを取りながら聞かせる。自分の説明は分かりやすかったか、工夫したところについて自己評価させる。

また友達の説明の効果的な工夫に学び、分かりやすく自分の考えを伝えるためにはどうすればよいか考え今後に活かす。常に、自分の考えと比較して聞かせ、ものの見方・考え方の広がりについて実感させる。

4 自分が伝えた物語のおもしろさの秘密を端的に表現しまとめる

> 自分が伝えた「物語のおもしろさの秘密」にキャッチコピーを付けよう。

単元の終末にあたって、この物語のおもしろさの秘密について、端的に表現させる。

上記の説明概要にあるような「怖いけれど一度は入ってみたい山猫軒!」「あまりにも鈍感な紳士たち」「こんな調子では、またきっとどこかに現れるよ。山猫軒!」のようなキャッチコピーを付けさせることで、学習のまとめとしたい。

5年
（説明文）

和の文化を受けつぐ
——和菓子をさぐる

単元名：「和の文化」について調べて説明会を開こう

東京書籍／5年　　　　　　　　　　　　　　　田中元康（高知大学教育学部附属小学校）

STEP 1　「深い学び」を考える

1. はじめに

　「深い学び」とは、見方・考え方を活用して、本時（単元）のねらいを達成する学びだと捉えている。重要なのは、「見方・考え方」への意識を強くもつことである。例えば、本学習材においては、和の文化について調べて、説明会を開くことが言語活動として設定されている。その際、教師は「説明会の開催」が成功することだけを意識するのではない。説明会を開催するためには、学習材から調べる観点を読み、資料の工夫を見いだすといった読解に関わる見方・考え方を働かせる必要がある。また、読み取った観点を基に調べてまとめたり、提示する資料を伝えるべき内容に合わせて選択したりするといった表現についての見方・考え方も働かせる必要がある。その結果、「読み取る方法が分かった」「資料の使い方が分かった」などを子供は実感し、学びは必然的に主体的なものとなっていく。さらに、読み取る際や調べる際に協働的に取り組む場を設定し、よりよい見方・考え方を追究させていくことにより対話的な学びも生まれる。このように、国語科の授業において、「『〜すればよい』という見方・考え方」を子供自身が働かせ、本時のねらい（単元の目標）を達成しようとする姿を「深い学び」へ向かう姿と捉えているのである。

2.「参加」から「活躍」の道筋をつける教師の役割と「深い学び」

　「深い学び」へ向かうには、子供が授業へ「参加」し、「活躍」する道筋をつける役割を教師が果たしていくべきだと考えている。「参加」は、より多くの子供が学習対象への興味をもち、自分の考えを表現している状況を指す。「参加」を促すには、学習材との出合わせ方を工夫したり、表現する方法を示したりするなど、子供が学習対象へ働きかけることができる準備を行う必要がある。

　一方、「活躍」は、一人の子供の表現に対して、周りの子供が"手がかり"として受けとめることができる状況を指す。そのため教師は、グッドモデルとなりそうな子供の表現が出されたときに、評価して価値付けることや、「○○さんと□□さんとが、同じことを言っている」などと子供同士をつなぐ投げかけをする役割を果たす。その結果、友達の表現を受けとめた周りの子供からは、「なるほど」や「あっ、そういうことか！」といったつぶやきが聞かれるようになり、考えへの振り返りを行う子供が増えていく。そして、目標に近づくようになっていくのである。こうした「活躍」の状況が生まれるためには、本時（単元）において、教師が見方・考え方をよりよく活用している姿を明確にもって授業で望むこと、言い換えるならば、何ができていればよいのかを子供の姿として明確にもつ

ことと、子供の表現からモデルを見出す"目"とが必要である。

STEP 2 教材分析

1. 教材の概要と特性

　本学習材は、①和菓子の歴史、②和菓子と文化との関わり、③和菓子と人との関わりといった三つの観点から、和菓子が受け継がれてきていることが説明されている。子供は、学習材から三つの観点を読み、他の道具などでもそういった関わりがあるのかという興味をもつと思われる。また、写真などの資料が効果的に用いられており、本学習材は、調べ学習において調べる観点やまとめ方を明確にする役割を果たしている。

2. 「深い学び」につながる、働かせたい「見方・考え方」

三部構成

　本学習材は三部構成で、話題提示の序論があり、本論では、筆者からの投げかけ⇒答えという形で三つの観点が説明されている。そして、結論ではまとめと筆者の考えとが示されている。この三部構成に着目することで、これまで学習してきた説明的な文章での見方を働かせることができる。また、調べたことを文章にまとめる際のモデルの役割も果たすことにもつながる。

**調べ学習に
つながる
観点**

　本論では、①和菓子の歴史、②和菓子と文化との関わり、③和菓子と人との関わりという三つの観点から、和菓子がどのように受け継がれてきているのかが述べられている。この三つの観点は、和菓子以外の物の「和の文化を受け継ぐ」ことを説明するときに使うことができる観点である。また結論において、筆、ろうそく、焼き物といった調べることができそうな具体例が示されており、調べ学習につながる材料を複数示してくれている説明的な文章である。

**図表や写真
の資料提示**

　本学習材では、写真や図表が効果的に用いられている。例えば、本論1では年表とイラストがあり、和菓子がどのように変化・発展をしてきたかが一目で分かるようになっている。また本論2においては、和菓子と関わりのあるものが一緒に写っている写真が用いられ、和菓子と生活との関わりがみてとれる。また、和菓子と人との関わりを述べた本論3においては、和菓子とともに、それを作る職人や道具を作る職人の手も写っている。こうした写真を用いることで、和菓子と人との関わりが読み手に印象付けられる。このように、写真を工夫して用いることに気付いた読み手は、調べたことを発表する際、資料の提示の効果を考えるようになると思われる。

STEP 3 単元を構想する

1. 本学習材で身に付けさせたい資質・能力

〈知識・技能〉観点や構成に着目して内容を的確に押さえて要旨を捉えることができる。

〈思考力、判断力、表現力等〉事柄が明確に伝わるように、説明の構成を工夫することができる。（A（1）イ）

〈学びに向かう力・人間性等〉単元の目的を意識して文章を読み、進んで調べてみたい課題を探したり、資料の提示の仕方を工夫して話したりしようとしている。

2. 単元名

「和の文化」について調べて説明会を開こう

3. 単元の概要

　本単元は、まず第一次において説明会をするという単元のゴールを示し、調べる例として本学習材と出合わせる。その際、「筆者が伝えたい3点を見つけよう」と伝えて、読む目的をもたせる。次に第二次では学習材を読み、「和の文化」に対する筆者の考えを読み取る。第三次では、「和の文化」について書かれた本から、三つの観点を基に調べて、発表できるようにまとめる。そうして第四次において、調べたことを発表する「和の文化説明会」を開き、伝えたい内容や目的に合わせて、資料を活用して説明することができたかを振り返る。

4. 指導のポイント

主体的な学びのポイント　単元のゴールを意識させて、学習材と出合わせる

　学習材を読む前に、単元のゴールを伝える。そして、学習材が調べ学習のためのモデルであることを伝えて、学習材を読むことへの興味をもたせる。

対話的な学びのポイント　学習材から読み取った観点と用いられている資料（図表や写真）を関係付けてその効果について話し合う

　筆者の問いに着目させながら、観点を見出し、一緒に、資料の効果について話し合う活動を行う。その際、バッドモデルの資料と比べ、対話的に活動ができるようにする。

その他のポイント　「和の文化説明会」を開き、説明の構成や資料の使い方に注意して、自分の考えを伝える

　説明会では、問いかけを用いて聞き手の興味を惹くことや、「例えば」を用いて実例を示して説明しているといった聞き手に伝わる工夫を評価する。また、資料の内容や提示のタイミングも評価する。

5. 単元計画（全13時間）

第一次 学習の見通しをもつ（第1〜2時）

教科書の扉から、内容を想像する。また、学習課題と学習の流れについて確認する。
〈指導上の留意点〉
◎単元のゴールをあらかじめ示すことが、学習への意欲をもたせるために必要である。

第二次 「和の文化」に対する筆者の考えを読み取る（第3〜6時）

筆者が示す和の文化が受け継がれてきたことについての三つの観点を読む。その際、説明の仕方と資料の工夫、効果も読み、調べる活動でのイメージをもつ。
〈指導上の留意点〉
◎観点が「歴史」「他の文化との関わり」「人との関わり」だと読み取るようにする。また、示されている図表、写真が効果的に用いられていることも取り上げる。

第三次 他の本から、三つの観点を基に調べて、まとめる（第7〜10時）

どのような「和の文化」について調べるのかを決める。そして、学習材から読み取った三つの観点を基に、グループで協力して調べる。集めた情報を整理し、説明する内容と構成を考える。また、目的に合わせて資料の形式を工夫する。
〈指導上の留意点〉
◎調べるテーマは三つの観点から選ばせる。提示する資料があることも観点を選ぶ目安となる。調べたことはカードに書き、まとめる際に並べかえることができるようにする。

第四次 「和の文化説明会」を開き、学習の振り返りをする（第11〜13時）

「和の文化説明会」を開き、説明の構成や資料の使い方に注意して聞き、自分の考えを伝え合う。振り返りでは、観点に沿って発表できたか、資料の工夫はできたかを評価し合う。
〈指導上の留意点〉
◎振り返りのポイントを示し、達成度や課題を子供が見つけることができるようにする。

6. 中心となる本時の指導計画（第4時）

	学習活動	指導上の留意点
導入	○本時の学習への見通しをもつ。	・本時が本論2の内容を読み、観点の2つ目を読むこととともに、資料提示の工夫を読み取ることだと伝える。
展開	○説明の観点と資料に着目して、本論2の内容を読み取る。	・本論2が、和菓子と文化との関わりを述べていることを読み取らせていく。 ・資料の写真の効果について話し合う。
終末	○本時の学習を振り返る。	・他の文化との関わりも調べる観点になることと、資料として適切な写真を選ぶことが大事だと捉える。

STEP 4 授業イメージ

1. 本時（第4時）の目標

・調べる観点の二つ目を見つけるという目的で本論2を読み、筆者の主張を捉え、資料（写真）の工夫に気付くことができる。

2.「深い学び」ポイント

「深い学び」へ向かうには、見方・考え方が活用されることが必要である。本時においては、「次に」「例えば」「また」といった接続語に着目して段落同士の関係を捉えることと、資料の写真がなぜ選ばれたのかを考える活動を行い、説明における資料の効果を基に、本文に応じた資料を適切に選ぶといった表現の工夫を筆者が行っていることに気付かせ、第3次の調べ学習に生かすことができるようにする。

◎ 今日の学習のまとめ

「和菓子とほかの文化との関わり」
「写真」を使って

- 柏餅と粽の写真
  （学習材148ページに掲載されているもの）
  人々の思いや願いを和菓子にこめていることを伝えたいので、しょうぶの花やこいのぼりが写っている和菓子の写真を使っている。

- 柏餅と粽だけが写っている写真
  （教師が用意したバッドモデル）

調べ学習で写真を考えて選ぶようにする。

Aさん Bさん Cさん Dさん …

3. 授業の流れ

1 本時のめあてをつかむ

「二つ目の観点を本論2から見つけましょう。それは、「和菓子と○○の関わり」です。」

本時では、二つ目の観点を本論2から読み取ることと、資料の効果について学習することを確認する。そうして、「本論2が⑦段落から始まる理由は？」と問い、接続語「次に」に目を向けさせる。そして、⑦段落を読む中で、「2つの目の観点は和菓子と○○の関わりです。それは？」と問い、「他の文化との関わり」を見つけさせる。そして、本論2が⑦〜⑪段落までであることを伝える。

2 他の文化との関わりについて読む

「他の文化とは、どのような文化ですか。」

「他の文化」とは、接続語「また」があるから「二つ」という反応を評価する。そして、⑧段落の「年中行事」、⑩段落の「茶道」を確認し、あわせて、⑨・⑪段落の「例えば」から、例であることも押さえる。そして、「年中行事」には「願いや思い」が、「茶道」には「季節」が重要な語句として述べられていることを見つけさせていく。

⑦他の文化 －⑧年中行事－⑨例（願いや思い）
　　　　　　⑩茶道　　－⑪例（季節）

和菓子の文化を受けつぐ──和菓子をさぐる

11月○日（○）

ねらい　本ろん2から、伝えたいことと資料の工夫とを読み取ろう

本ろん2（7〜11段落）
「和菓子とほかの文化との関わり」

ほかの文化とは？　手がかりは接続語 →「また」
二つある。

7段落

8段落　年中行事　→　例　9段落　願いや思い
10段落　茶道　→　例　11段落　季節

資料の工夫

季節の植物をかたどった
和菓子の写真1
（学習材149ページに掲載されているもの）

季節の植物をかたどった
和菓子の写真2
（学習材149ページに掲載されているもの）

季節の風景や植物を表している。
和菓子の写真を使っている。

3　資料（写真）の効果を考える

なぜこの写真を使ったのでしょうか？

「筆者が選んだ写真が3枚あるけれど、なぜこの写真を選んだのでしょうか？」と問い、学習材の写真と、柏餅と粽だけが写っている写真（バッドモデル）を提示する。学習材の写真の方がよいという児童の反応を認め、その理由を問う。そうして、学習材の写真の菖蒲や鯉のぼりと⑧・⑨段落の「願いや思い」とを結び付けながら、筆者が、和菓子と年中行事との関係を示す工夫をしていることを見つけていく。

4　学習をまとめる

今日学んだこと、分かったことを書きましょう！

学んだこと、分かったことを書かせる。この時、「和菓子と他の文化のかかわり」「写真」の二つの言葉を使うように指示する。作品例：「本論2は和菓子と他の文化の関わりを書いていました。接続語に注目すると筆者の伝えたいことと例が書いている段落が分かりました。また、写真も伝えたいことを説明するために使われていることが分かりました。調べるときに、写真も考えて選ぼうと思います」

6年（文学）

海の命

単元名：登場人物の関係を捉え、人物の生き方について話し合おう

光村図書・東京書籍／6年 　　　　　　　　　　　溝越勇太（東京都・立川市立第六小学校）

STEP 1 「深い学び」を考える

1. はじめに

　国語科の、特に物語文の学習における「深い学び」とはどのようなものだろうか。私は、「子供たちが、これまでに習得した知識（読み方）を、繰り返し活用・発揮させることで、特定の状況（作品）にとどまることなく、いつでもどこでも使いこなせるようになっていくような状態を目指すこと」と捉えている。

　これからの社会においては、子供たちが他者と共に様々な問題に立ち向かい、解決方法を探り出していけるような力を育てていかなければならない（田村学著『深い学び』東洋館出版社、2018）。それは、物語文の授業においても大切にしたいことである。

2.「主体的・対話的で深い学び」を実現する授業づくり

　「主体的・対話的で深い学び」を実現する授業づくりには、三つの原理（「有意味学習」「オーセンティックな学習」「明示的な指導」）がある（奈須正裕著『「資質・能力」と学びのメカニズム』東洋館出版社、2017）。

有意味学習

　子供たちは、たくさんの既有知識をもっている。作品の内容に関する知識はもちろん、これまで学習してきた「読み方」のような国語科固有の知識ももっている。このような既有知識との関連付けを意図的に行い、授業を「有意味学習」にすることを意識したい。

オーセンティックな学習

　オーセンティック（本物の）学習の基本的な考え方は、具体的文脈や状況を含んだ学びをデザインして、知識が現実の問題解決に生きて働くようにする、ということである。現実の社会で物語文（文学作品）を読むことの意義は、自分の生き方について考えることや、人生を豊かにすることではないだろうか。物語文の授業では、子供たち自身の読みの疑問を仲間との交流で解決しながら、生き方について考えていきたい。仲間と読みを交流するなかで、国語科で身に付けたい「読み方」に気付いていけるようにしたい。

明示的な指導

　ある教材で「読み方」を学習したからといって、他の作品でもすぐにその「読み方」が使えるかというと、そう簡単ではない。教材や状況に基づく学びを、他の文章読解に活用できるよう自覚化・道具化するためには、明示的な指導が必要である。振り返りで比較・統合して整理したり、子供たちが気付いた「読み方」を価値付けたりするなど明示的に指導し、他の作品でも繰り返し確認するようにしたい。

STEP 2 教材分析

1. 教材の概要と特性

　「海の命」は、少年太一が、父や与吉じいさ、海との関わりの中で、漁師として、人間として大きく成長していく物語である。太一の成長を通して、読み手は生きることや自然との関わり方、命について深く考えることができる。

　本作品は語り手が太一の視点に沿って語っている。だが、太一の心情については直接表現されていないところが多い。読み手は叙述を基にどのような心情の変化があったのかを想像しなければならない。海やクエに関する情景描写は大変美しい。情景描写に使われている比喩や擬音語、色彩語、擬人化された表現、海に関する象徴的な表現などに着目することで、太一が体験している海の世界をより深く味わうことができるだろう。

2. 「深い学び」につながる、働かせたい「見方・考え方」

作品の設定	作品の設定（時、場所、人物、出来事など）を直接尋ねると、一問一答のようになってしまい、能動的な学習にはなりにくい。そこで、「太一は、一本釣り漁師かもぐり漁師か」という話題で話し合う中で、作品の設定に気付くことができるようにする。
視点 表現技法	本文のセンテンスカードと教師が書きかえたセンテンスカードを比較して話し合う。色彩語や擬声語を抜いておくことで、表現技法の効果に気付けるようにする。また、「それを見ているのはだれか」と問い返すことで、視点人物に着目させて、心情を想像できるようにする。
中心人物の 変化 主題	「太一はなぜ瀬の主を打たなかったのか」という子供たちの一番大きな疑問について話し合う。その中で、「はじめ」「きっかけ」「おわり」を図解して整理することで、太一の心情の変化を捉えられるようにする。また、主題を考える際にも、中心人物の心情の変化から作品の主題を考えることができる。

STEP 3 単元を構想する

1. 本教材で身に付けさせたい資質・能力

〈知識・技能〉物語の展開において重要な言葉や優れた表現に着目し、その効果について考え、自分の読み取りや考えに生かすことができる。

〈思考力・判断力・表現力等〉登場人物の心情や場面についての描写など、優れた叙述を

味わいながら読み、自分の考えや感想をもつことができる。

〈学びに向かう力・人間性等〉自分の経験や体験と重ねながら、登場人物のつながりや心情、考え方や生き方を読み取ろうとする。

2. 単元名

登場人物の関係を捉え、人物の生き方について話し合おう

3. 単元の概要

小学校で学習する最後の物語文である。そこで、これまでに繰り返し学習してきた読みの観点（作品の設定、視点、表現技法、人物の変化、主題）をもう一度振り返ることのできる学習にしたい。作品の設定→視点→表現技法→人物の変化→主題という流れで単元を構成し、本時でねらいとする読みの観点を焦点化して指導する（ただし、子供たちから他の読みの観点が出てきた場合は、その観点も板書し、共有する）。

子供たちが活発に話し合える話題を設定することで、読みの交流を行いながら他の物語文を読むときにも使える「読み方」に気付けるようにしていく。

4. 指導のポイント

「有意味学習」のポイント　既有知識と関連付ける

これまでの学習や子供たちの生活体験などと関連付けながら、学習をすすめる。「自分だったら」「自分の生活に置き換えると」といった視点で問い返しをしながら話し合い活動を行うことで、自分に引きつけながら読めるようにする。

「オーセンティックな学習」のポイント　具体的文脈や状況を含んだ学びをデザインする

初発の感想で、子供たちに読みの疑問を書かせ、全員で共有しておく。その疑問を解決するために読みを交流していく、という文脈で学習をすすめる。また、読みを交流することの楽しさを実感できるようにする。

「明示的な指導」のポイント　「読み方」は振り返りで整理し、名前を付けて価値付ける

子供たちが読みを交流する中で、「読み方」に関する気付きが出てくるはずである。その「読み方」に名前を付けて価値付けしたり、模造紙などに気付いた「読み方」を書いたりして道具化していく。

5. 単元計画（全7時間）

第一次　作品のおおまかな内容をつかむ（第1時）

〈指導上の留意点〉
◎海の写真や実物（クエやクエをつくもり）を見てイメージを広げる。
◎挿し絵を並び替えて、話の展開を理解する。
◎好きな言葉、好きな場面について感想を発表し合う。

第二次 作品の設定を捉える（時、場所、したこと）（第2時）

〈指導上の留意点〉

◎登場人物を確認する。時、場所、太一がしたことを表にまとめる。

◎太一の漁の仕方を読み取る。（太一は一本づり漁師？　もぐり漁師？）

作品の設定を捉える（第3時）（人物）

◎誰の言葉クイズをする。「誰が一番好き？」について発表し合う。

◎「誰が一番優れた漁師？」について話し合う。

◎登場人物の人物像を自分の言葉で表現する

表現技法、視点を捉える（第4時）

◎色彩語や擬声語、比喩表現の効果について話し合う。

◎視点人物の心情がわかる表現を見つけ、発表する。

中心人物の心情の変化を捉える（第5・6時）

◎読み間違い探しクイズをする。

◎「不意に実現した太一の夢は？」について自分の考えをまとめ、話し合う。

◎太一の夢（はじめの心情）を確認し、自分の言葉で表現する。

◎「なぜ太一は瀬の主を打たなかったのか」について自分の考えをまとめ、話し合う。

◎太一の心情の変化を自分の言葉で表現する。

第三次 主題を捉える（第7時）

〈指導上の留意点〉

　◎太一の心情の変化を図を使って自分の言葉で説明する。

　◎主題の書き方について確認し、自分の言葉で作品の主題を書く。

　◎いのちシリーズの絵本を読む。

6. 中心となる本時の指導計画（第3時）

	学習活動	指導上の留意点
導入	○「だれの言葉？」クイズをする。 ・赤は会話文、青は行動描写だね。	・会話文と行動描写をカードにしておくことで、板書で整理できるようにする。
展開	○「だれが一番好き？」「だれが一番優れた漁師？」について話し合う。 ・与吉じいさが一番海を大切にしているよ。 ・太一は村一番の漁師って書いてあるよ。	・人物相互の関係にも着目できるように、比較して話し合える話題にする。 ・話したくなるように、話題を対立型にする。
終末	○登場人物の人物像を自分の言葉で表現する。	・会話文と行動描写に着目すれば人物像が分かるということを黒板に明示する。

STEP 4 授業イメージ

1. 本時（第3時）の目標

誰が一番優れた漁師かについて話し合うことを通して、会話文と行動描写から3人の登場人物の人物像を読み取り、それを自分の言葉で表現できる。

2. 深い学びのポイント

人物像は会話文と行動描写に着目すれば捉えることができる。そのことを子供たち同士の読みの交流の中で気付かせたい。会話文と行動描写を導入でクイズにして黒板に提示すれば、振り返りで明示的に指導できる。「だれが一番優れた漁師？」という話題で比較しながら読みを交流して、3人の関係にも着目させたい。

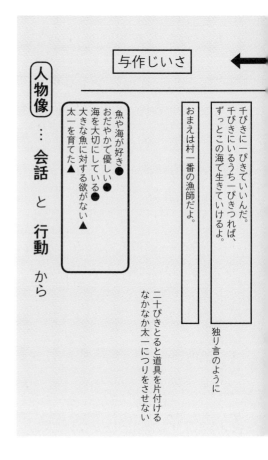

3. 授業の流れ

1 クイズでだれの会話文・行動かを考える

太一・おとう・与吉じいさのカードをばらばらに貼ります。だれの言葉でしょうか？

　会話文のセンテンスカードをばらばらに貼りクイズにする。
　行動描写のカードを途中で混ぜることで、「これは、会話文じゃないよ」「行動だよ」という気付きが生まれるようにする。
　会話文のカードと行動描写のカードの色を分けておき、何で色分けしているかを考えさせ、会話文と行動描写に着目させる。

2 好きな人物とその理由を話し合う

太一、おとう、与吉じいさでだれが一番好きですか？
それはどうしてですか？

　好きな登場人物に手を挙げさせ、好きな理由を自由に発言させる。理由は本文に書いてあることから探すようにさせる。どんな意見も共感して、認める。
　ここでは、はじめの「評価読み」なので、深入りはせず、自由に話しやすい雰囲気をつくる。このあと解釈読みを行っていくので、単元の最後に改めて評価読みをすると読みの深まりが実感できる。

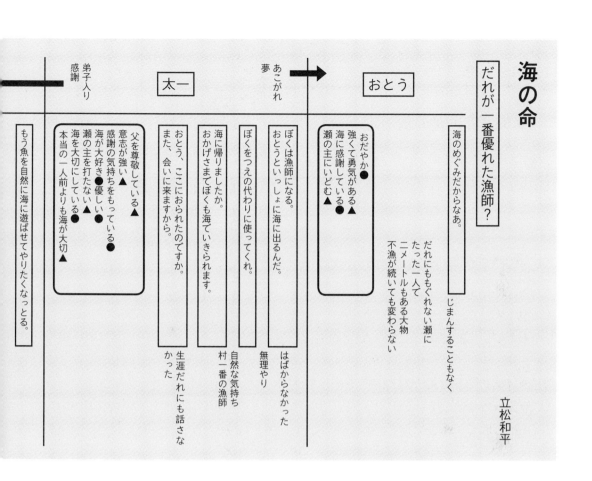

3 人物像をまとめ、話し合う

太一、おとう、与吉じいさの中で、誰が一番優れた漁師だと思いますか？

3人を比較することでそれぞれの人物像を捉えられるようにする。それぞれの人物像が分かる叙述（会話と行動）に色分けして線を引かせ、人物像を捉えさせる。

自分の考えをまとめる時間をとり、話し合いで出た人物像を黒板にまとめる。

太一を真ん中に板書することで、3人の関係も捉えやすくする。

4 三人の人物像を比較し、まとめる

3人の似ているところは？　違うところは？　3人の人物像をまとめましょう。

3人の似ている点には●印、違う点には▲印をつけさせる。

学習のまとめとして隣の友達に「3人の中で○○が好きです。××に比べて〜だからです」の型を示して表現させる。

だれがいちばん優れているかを決めるのが目的ではなく、人物像の捉え方が目的である。会話と行動に着目すれば人物像が読み取れることを板書で明示する。

きつねの窓

単元名：ファンタジーを楽しもう
学校図書・教育出版／6年

小菅克己（神奈川県・小田原市立富水小学校）

STEP 1 「深い学び」を考える

1. はじめに

　突然「泥棒！」「泥棒！」と叫ぶ子供。偶然近くを通りかかった私は思わず「どうしたの？」と……。すると、その子供は「だっておばあちゃんが、嘘つきは泥棒の始まりだって言っていたもん。あの子うそつきだ」私は、「そうか、すごい諺を知っているね。でもね、泥棒って言われていい気持ちする？」「しない！」「じゃあ、やめようね。」と……。

　生きて働く言語能力と呼ばれている今日この頃、「言葉には心がある」。それを含めて学んでこそ将来的に活用できる言語能力となるのではなかろうか。『深い学び』という言葉が世を席巻してから久しい。難しい言葉でいろいろと論じられているが、行き着くところ、今回の学習指導要領の目玉である「見方・考え方」と密接なつながりを感じる。

2. 「深い学び」と「見方・考え方」

　「見方・考え方」とは『目の付け所』と解釈する。例えば、最近、環境とエネルギーのために自動車業界は電気自動車の開発競争に力を注いでいる。完全にバッテリーとモーターのみで走る EV 車は充電スタンドの不足と急速充電に耐えられるバッテリーの開発不足のため、まだまだ普及しきれないのが現状である。現在、普及しているのはハイブリッド車。ガソリンとモーターの併用車である。発進などのパワーのいらないときはモーターで動き、通常の走行でパワーを必要とするときはガソリンエンジンに切り替わるというシステムである。そこへ、最近 e-power として新たな考えのハイブリッド車が参入してきた。これは、走る動力となるのはモーターのみ。しかしながらモーターのみでは先ほどのEV のように大容量バッテリーが必要となり、限界がある。そこで、発電するだけのエンジンを積むのである。大きな車であっても発電するためだけのエンジンのため、小さなエンジンですむのである。すなわち、環境はもちろんのこと燃費もよく経済効果も高いのである。どこに視点を当て、どこを工夫するかという「目の付け所」が大切なのである。

　3 年生の説明文「合図としるし」（学校図書）では、説明の事例ごとに「このように」が使われており、面食らう子供たちが多い。はじめ、中、おわりの、中とおわりの切れ目が分からない。ここで、ある子供が「最後の『このように』は直前の事例をまとめている。全体のまとめではない。」すると、ほかの子供が「なるほど、はじめの問いに対しての答えは『このように』が使われていない次の段落に書いてある」と。

　このように（あえて使わせていただく）、目の付け所、すなわち着眼点について主体的に考え、友達との対話の中で生まれる新たな学び、これこそ「深い学び」と考える。

STEP 2 教材分析

1. 教材の概要と特性

　本教材は、主人公「ぼく」が昔大好きだった女の子のことなんかをとりとめなくぼんやり考えて歩いているうちに、道を一つ曲がると青と白の色彩が基調をなしている不思議な世界に入っていくといったファンタジー作品である。以上の表記（筆者が原文を基に一文にしているが…）を見ても分かるように、一つ一つの言葉がとても丁寧に情景を表している。また、比喩表現や対比の表現が巧みに使われ、心情の変化も捉えやすい作品である。「ぼく」の独り語りによって場面が進み、一人称視点で書かれているところがこの作品の大きな特徴である。また、その一つ一つは短いセンテンスで語られ、とても読みやすい。

　ただ、子供たちにとっては、「きつねの窓」という題名や青一色の世界はどことなく不気味で暗いイメージである。読み深めていく中で自然と美しさを感じ、この子ぎつねが化けぎつねではなく、純粋な独りぼっちの可愛い子ぎつねというように共感をもって読み進められるように読みの深化を感じさせていきたい作品である。

　そのためには、場面場面における様々な読み取りを大切にし、友達同士の交流の中でそれを体感し、友達の読み、自分自身の読み、それらの複合的な読みを知る中でファンタジーのおもしろさ、楽しさを実感させたい。

2. 「深い学び」につながる、働かせたい「見方・考え方」

ファンタジーの構成	ファンタジーの三部構成（現実→虚構→現実）をしっかり捉え、なぜ、そこから虚構の世界に入り、どこで現実の世界に戻るのか。その理由を叙述に即して述べることができる。

〈現実〉　➡　〈虚構〉　➡　〈現実〉

昔大好きだった女の子のことを考えながら、ぼんやり歩いている。	子ぎつねと出会い、ききょうで染められた不思議な窓を通して様々な体験をする。	習慣で手を洗ったばかりに、不思議な窓は消え、現実に戻る。

中心人物の心の変容	中心人物「ぼく」は、対人物である子ぎつねとの出会い、交流によって大きく心が変容する。そのきっかけはどこか、なぜ変容したのかに目を付けることによってこの物語の面白さや楽しさ、そして価値が倍増する。また、その際、なぜそこを選んだのかについて友達と交流を深めながら考察する中で、あちこちに点在している行動描写や比喩、対比の部分を見つけ、作者である安房直子さんの作風に気付き、読書の楽しさを感じることができる。

STEP 3 単元を構想する

1. 本教材で身に付けさせたい資質・能力

〈知識・技能〉文の中での語句の係り方や語順、文と文との接続の関係、話や文章の構成や展開、話や文章の種類とその特徴について理解することができる。（2内容（1）カ）

〈思考力、判断力、表現力等〉登場人物の相互関係や心情などについて、描写を基に捉えることができる。（C 読むこと（1）イ）

〈学びに向かう力・人間性等〉ファンタジーの楽しさ、面白さに触れ、叙述に即して想像をふくらませながら深く楽しく読むなかで、読書に興味・関心をもち、親しもうとする。

2. 単元名

ファンタジーを楽しもう

3. 単元の概要

　6年生の物語単元というと、とかく主題に迫らねばならない呪縛に囚われる教師が少なくない。本教材は初読の段階では、暗く難しく感じる子供が多い。しかしながら、「空がとてもまぶしい」「みがきあげられた青いガラスのように」「一面、青いききょうの花畑」というように事細やかな描写表現が多く、読み進めていくうちにその美しさに魅せられる。また「ぼく」は、ききょう屋の店員が子ぎつねと知りながらだまされたふりをして、その親をつかまえようと子ぎつねをだます。そして「指なんか染められてたまるかい」と言ったぼくは子ぎつねが作る不思議な窓に映る母ぎつねを見せられ、子ぎつねの話を聞くうちに「ぼくもそんな窓がほしいなあ」と子供のような声をあげてしまう。比喩や対比など、描写の細やかさにより情景が想像しやすく、どんどん引き込まれていく展開によって子供はファンタジーの魔力に魅せられるであろう。そして、もっと読みたいと図書室に向かう姿が見られた時、深い学びへの一歩が始まる。

4. 指導のポイント

見方のポイント　現実と虚構の世界、物語を覆っている色彩の鮮やかさ、比喩や対比、倒置法を駆使した細やかな情景描写や行動描写という安房ワールド独特の叙述。

考え方のポイント　窓の意味、魅力、郷愁に目を付け、考察することによって物語の持つ魅力に迫る。また、○○では○○と言っているのに△△では△△になったというように、対比して書き表されている部分に目を付けて読み深める。そして、鉄砲まで渡してしまう「ぼく」、鉄砲を取り上げた子ぎつねの気持ちについて考える。

5. 単元計画 （全10時間）

第一次 題名読みをし、全文通読をする（第1〜2時）

　題名からどんな物語なのか予想をし、友達と交流をした後で全文通読をする。

〈指導上の留意点〉

◎題名から予想した話の内容と、実際に読んだ内容のズレを感じながらあらすじをつかむ。ファンタジーの文章構成に気付き、作品の様々な表現技法に着目させる。

第二次 場面の移り変わりと登場人物の心の変容を読む（第3〜8時）

　「ぼくの気持ちがガラッと変わったのはいつ？」という発問から、子ぎつねとぼくの会話を中心に「ぼく」の心の変容をつかむ。また、窓の意味についても考察する。

〈指導上の留意点〉

◎会話文はもちろんのこと、情景描写や比喩、対比、倒置法など効果的な表現にも目を付けながら読み深め、友達と交流する中で自分の考えを確立させる。また、窓に映る様々な光景を思い浮かべ、「ぼく」にとっての窓への思いの変化についても考察する中で、この作品の主題に近付かせる。

第三次 多読をする（第9〜10時）

　自分のテーマに合った本を探し、多読をする。

〈指導上の留意点〉

　ファンタジーに興味をもったのか、安房直子の作品に興味をもったのか、を考えさせた上で自分自分のテーマに合った本探しをさせる。

6. 中心となる本時の指導計画（第5時）

	学習活動	指導上の留意点
導入	○中心人物の「ぼく」について、前時で読み取ったことを想起する。	・子供が様々な視点で読み取ったことを羅列することによって、「ぼく」についての人物像を思い起こす。
展開	○ぼくの気持ちがガラッと変わったのはどの場面かについて考える。 ・きつねの窓がほしくなるところ。 ・鉄砲をあげてしまうところ。	・なぜ、そこで変容したと思うのか、比喩や対比、そして行動描写の表現から考察し、友達の意見を聞くことによって自分の読みを深めさせる。
終末	○本当に話し合った場面でいいか、検証する。	・一人称視点で書かれているため、対人物であるきつねの視点からも考察することによって読みを深めさせる。

STEP 4 授業イメージ

1. 本時（第5時）の目標

比喩や対比、行動描写から「ぼく」の気持ちがガラッと変わったのはどこかを見つけることができる。

2.「深い学び」ポイント

「ぼくが大きく変わったところはどこ」という発問に対する子供たちの意見について、子供たちが交流を通して考察していく。考察のポイントは会話文や行動描写、そして比喩や対比である。お互いに裏付けとなる叙述を述べ合う中で読みを深める。そして、子ぎつねの話に感激して「ぼくも、そんな窓がほしいなあ」と声をあげたのはかつて、「指なんか染められてたまるか」と言っていたときと対照的と気付くことによって明白になる。

3. 授業の流れ

1 前時の想起をする

中心人物「ぼく」はどんな人でしょうか？

前時の学習を想起させ、「ぼく」の人物像と物語のあらすじや文章構成について押さえる。

「ぼく」は物語の語り手であり、中心人物でもある。山で道に迷い、虚構の世界に入り込む。子ぎつねと同じ、独りぼっちのぼくは、子ぎつねのお店で、今は会えない人と会える不思議な窓を手に入れるけど洗ってなくしてしまう。前時までの読みを思い起こし、本時の糧とする。

2 変容した箇所を探る

ぼくの気持ちが大きく変わったところはどこでしょう。

①「ぼくは、しぶしぶ窓の中をのぞきました。そして、ぎょうてんしました。」②「すっかり感激して、何度もうなずきました。」③「ぼくも、そんな窓がほしいなあ。」④「ぼくは、気前よく、鉄砲をきつねにやりました。」と、いろいろ出るがその裏付けも含めてグループで考えさせる。

はじめは個人個人で考え、タイミングをみてグループで話し合う。友達の目の付け所と比較しながら自分の考えを深める。

きつねの窓

安房 直子

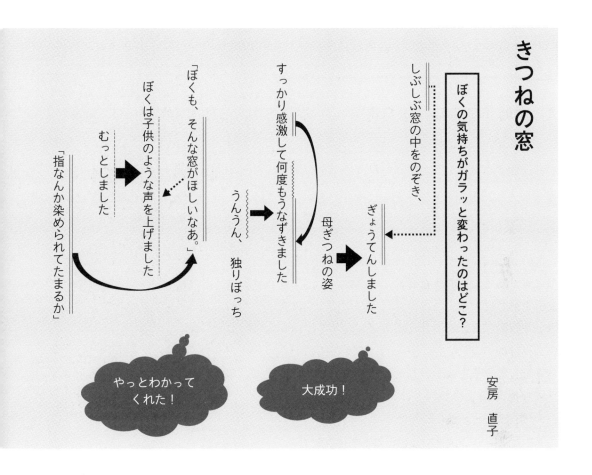

3 変容のきっかけを探る

いろいろ考えが出ましたが、その理由も含めて話し合いましょう。

①しぶしぶのぞいたのに仰天するところで変化が見られる。②その前は「うんうん」だったのに「何度も」に変わった。③むっとして「指なんか染められてたまるかい。」と言っていたのに、「そんな窓がほしい」と叫んでしまうほど変わった。④猟をしたりするのに大切な鉄砲よりももっと大切な窓に出会えた。鉄砲なんて惜しくない。などと、それぞれの目の付け所について交流する中で自分の考えを深めていく。

4 きつねの視点から検証する

きつねの視点から考えてみましょう。

①指を染めることに気乗りがせず、むっとしている「ぼく」に対して、「まあ、ちょっとだけ」と窓の中を見せたことが大成功した。②再度、窓の中を見せながら窓の素晴らしさを説明したことが成功した。③「もううれしくてたまらないという顔」というところに、やっと分かってくれた喜びが表れている。④変化と言うより、やったぜ母の仇。動物たちが殺されなくてすむ。そんなことしてほしくないという本心。

6年
〈説明文〉

『鳥獣戯画』を読む

単元名：高畑勲さんの工夫を自分の表現に生かそう

光村図書／6年　　　　　　　　　　　　　　　大江雅之（青森県・八戸市立桔梗野小学校）

STEP 1 「深い学び」を考える

1. 文学的文章の「深い学び」

　文学的文章の「深い学び」とは、そのまま「深い理解」「深い解釈」「深い読み」の三つの「深い○○」に当てはめると捉えやすい。「理解」とは、書かれている内容を正しく知ることである。「解釈」とは、書かれている内容を噛み砕いて、自分なりに理解することである。「読み」とは、「理解」や「解釈」を包含し、評価を加え作品に対しての自分の立ち位置を明確にすることと考える。教材文を活用して三つの「深い○○」に至るために、言葉の意味、働き、使い方など、様々な角度から吟味する学びを創出し、自分の思いや考えを表現し合うことが肝要である。文学的文章の「深い学び」に至るために学習活動例として以下の内容が挙げられる。

> ①類義語に置き換えた場合の意味や感覚の違いを考え、対話する。
> ②言葉があるときとないときではどう違うか考え、対話する。
> ③マテリアルワード（その教材文特有の重要語句）の意味を精査する。
> ④主体的な動作化や劇化によって理解を深める。
> ⑤自身の経験や思いに重ね合わせて意味付けする。

2. 説明的文章の「深い学び」

　三浦和尚氏は、著書の中で説明的文章の学習指導の有り様が、実践現場において二つの極に分かれていると指摘している。二つの極とは次のようになる。

> A　説明的文章を説明的文章として読む学習
> B　説明的文章を学習の出発点として位置付ける学習

　Aであれば、段落・小見出し・要約・要旨など形式的な指導が主軸となり、学習者の意欲は減退する。Bであれば、内容的な興味によって活動が展開し説明的文章は表現活動の動機付けに留まってしまう。

　「深い学び」が意図している内容とは、二つの極に表される学習ではないことは明白である。そこで、説明的文章における「深い学び」として、「説明的文章の読みを充足しながら、説明的文章を自分たちの生活や表現につなげる学習」を提案したい。この基軸であ

れば、二つの極に陥ることなく、主体的・対話的な学びも確保される。

〈参考文献〉三浦和尚『「読む」ことの再構築』三省堂、2002 年

STEP 2 教材分析

1. 教材の概要と特性

　本教材は説明文教材のジャンルではあるが、細分化すると鑑賞文・解説文に当たる。説明文は、筆者の主張や判断を形作る根拠が、実験の結果や事例・具体例になる。しかし、本教材のような鑑賞文・解説文は、根拠が筆者の見方・考え方になってくる。そのため、主張や判断により主観が入り、論の飛躍を感じさせる要因になると考える。本教材は、そのような視点もあるが、表現の工夫により絵の描きぶりのすばらしさ、現代の評価や歴史的な価値を付加し、筆者の『鳥獣戯画』のよさを伝えたいという思いがストレートに伝わり、リズムよく力強く訴えかけてくる作品となっている。

　①・②段落では、絵の解説や描きぶり、筆者の評価が述べられている。③段落では、キーワードの「漫画の祖」に至る国宝である事実が述べられ、④段落では、キーワードの「アニメの祖」でもあるという筆者の価値付けがされている。⑤～⑦段落では、筆者の絵巻に対する解釈や描きぶりが述べられている。⑧段落は、日本文化の大きな特色という歴史的な価値でまとめられている。⑨段落は、「国宝だけではなく、人類の宝である」という主張が書かれている。

2.「深い学び」につながる、働かせたい「見方・考え方」

「見る」で はなく 「読む」	題名は「『鳥獣戯画』を見る」ではなく、「『鳥獣戯画』を読む」となっている。「見る」と「読む」で媒体への関わり方がどのように変化するのかを考えさせたい。そして、筆者が見るものである絵巻を、あえて「読む」と題名に表した意図はどのようなものなのかを考えさせたい。 　この課題は、学習指導要領解説「言葉による見方・考え方」の説明のうち、「言葉の働き、使い方」に着目する部分に該当し、その機能や効果について考えることになる。
人類の宝	③段落では、国宝であるという事実から「漫画の祖」、④段落では、「アニメの祖」でもあるという筆者の価値付けがされている。そして歴史的な背景を踏まえて、「国宝であるだけではなく、人類の宝なのだ」という最大級の賛辞で締めくくっている。この筆者の主張に対する自分の考えを、納得できるかできないかを含めて表現させたい。 　この課題は、学習指導要領解説「言葉による見方・考え方」の説明のうち、「対象と言葉」の関係に該当し、対象と言葉が一致しているかどうかの妥当性を問うことになる。

6年〈説明文〉　『鳥獣戯画』を読む

129

STEP 3 単元を構想する

1．本教材で身に付けさせたい資質・能力

〈知識・技能〉教材文を読んで、筆者のものの見方・考え方や表現の工夫を捉えることが
　できる。

〈思考力、判断力、表現力等〉筆者のものの見方・考え方や表現の工夫を、自身の表現に
　生かすことができる。

〈学びに向かう力・人間性等〉相手の考えを尊重しながら対話し、自分の考えを深めよう
　としている。

2．単元名

高畑勲さんの表現の工夫を自分の表現に生かそう

3．単元の概要

　学級で読書の啓蒙と言語能力の育成を図るために帯活動として実践している「ビブリオ
バトル」と本教材の学びをつなげる。毎日、朝の会のコーナーで①プレゼンテーション
②質疑応答　③投票の流れで、トーナメントの一試合を行っている。「鳥獣戯画」がアニ
メや漫画の祖であるとして、人類の宝と評して読者へ魅力を伝えようとする高畑勲氏と、
「ビブリオバトル」において、紹介する本の魅力を聞き手に懸命に伝えようとしている自
分たちとの共通項に気付かせる。そして、「『鳥獣戯画』を読む」の書きぶりから、「ビブ
リオバトル」のプレゼンテーションに生かすことのできる技を抽出する学習活動を行う。

4．指導のポイント

主体的な学びのポイント　「教材文を自分の表現に生かす」という学習活動の設定によっ
て主体的な学びにつなげる

　自分の表現に生かすための学びということで、「説明的文章を自分たちの生活や表現に
つなげる学習」の具体とする。

対話的な学びのポイント　グループ対話によって対話的な学びをつくる

　第二次後半から第三次にかけて、グループ対話によって学習活動を進める。考えを交流
し合うことによって自分の考えを深めさせるようにする。

その他のポイント　精選した読解の場面を確保する

　第二次では、「『鳥獣戯画』を読む」の読解を行う。中心となるのは、高畑勲氏の「絵の
読み方」と「書きぶり」を読み解くことである。加えて、題名の吟味や主張への自身の考
えの形成を進めるようにする。

5. 単元計画（全6時間）

第一次 高畑勲氏と『鳥獣戯画』を調べる（第1時）

　高畑勲氏がジブリ映画の監督であり、これまでに自分たちが知っている有名な作品を手掛けたことについてや、国宝「鳥獣戯画」が誕生した時代背景などについて調べる。
〈指導上の留意点〉
◎教材文を読む前に、高畑勲氏と『鳥獣戯画』について調べ、両者がどのように関わる可能性があるのか考えさせる。

第二次 高畑勲氏の「絵の読み方」と「書きぶり」を読み解く
　　　　　（第2〜4時）

　筆者がどのように読者にその魅力を伝えようとしているのか、「絵の読み方」と「書きぶり」について読んでいく（構成・文末表現・話し言葉・言葉の選択など）。
〈指導上の留意点〉
◎筆者の見方・考え方や表現の工夫を捉えるとともに、「読む」「見る」の題名の吟味、「人類の宝」とする主張への自身の考えの形成を行う。

第三次 ビブリオバトルの原稿に生かす（第5・6時）

　本文からビブリオバトルの表現に活用できる技を抽出し、その技の視点を駆使して、以前に書いたビブリオバトルの発表原稿のリライトを行う。
〈指導上の留意点〉
◎自分たちの実際の表現を向上させるために「『鳥獣戯画』を読む」の学びを活用するというスタンスで行う。

6. 中心となる本時の指導計画（第5時）

	学習活動	指導上の留意点
導入	○高畑勲氏と作品のよさを伝える表現者としての自分たちの関係を確認する。	・「作品のよさを伝える」という視点で捉えさせる。 ・筆者と読者の関係から、表現者同士の関係でもあることに気付かせる。
展開	○筆者の表現の工夫について、自分たちの表現に生かせる工夫に「技名」を付ける。	・前時までにまとめた「筆者の表現の工夫」を活用する。 ・グループで活動を行う。
終末	○どのような場面でその「技」が使えるのかをイメージする。	・「鑑賞文・解説文」と「ビブリオバトル」原稿との表現上の共通点に気付かせる。

STEP 4 授業イメージ

1. 本時（第5時）の目標

- 筆者の表現の工夫に「技名」を付け、表現活動での使用のイメージを話し合うことによって、自己の表現活動に生かすことができる

2.「深い学び」ポイント

　本来であれば、筆者の表現の工夫に気付かせる段階で十分だが、その工夫を自分の表現に生かすという目標設定が「深い学び」につながる。

　自分の表現に生かすことは、筆者の表現の工夫に対して意欲的に向き合うことになる。今回は学級の常時言語活動として設定している「ビブリオバトル」を例にしたが、作文や紹介文、パンフレットなど、自己の表現活動の表現力向上のバイブルとして、「『鳥獣戯画』を読む」は適切である。

> 高畑勲さんの表現の工夫の技を生かして、自分たちのビブリオバトルの質をもっと上げていこう。
>
> ※前時までに作成した筆者の工夫を抽出した作成物。
>
> | 技 | 技 |
> |---|---|
> | 名 | |
>
> ※教師の作成した簡単な作成例。

3. 授業の流れ

1 筆者と自分たちの関係を確認する

　私たちも作品を紹介するという点で、高畑さんと同じところはないだろうか？

　前時までは、筆者と読者の関係で高畑勲氏の表現の工夫を捉えてきた。本時では、ともに表現者であることに気付かせる。筆者は『鳥獣戯画』のすばらしさについて、自らのものの見方・考え方を、技法を駆使して表現している。自分たちも、自分が気に入った本について、それを知らない人たちに分かってもらおうとプレゼンテーションをしている。両者は、すぐれた作品を紹介する表現者であることを押さえる。

2 筆者の表現の工夫を振り返る

　高畑さんはどのように『鳥獣戯画』のすばらしさを伝えてきたのだろう？

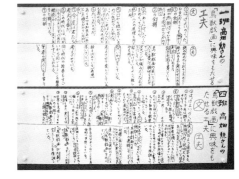

第二次に各グループでまとめた筆者の表現の工夫を確認する。

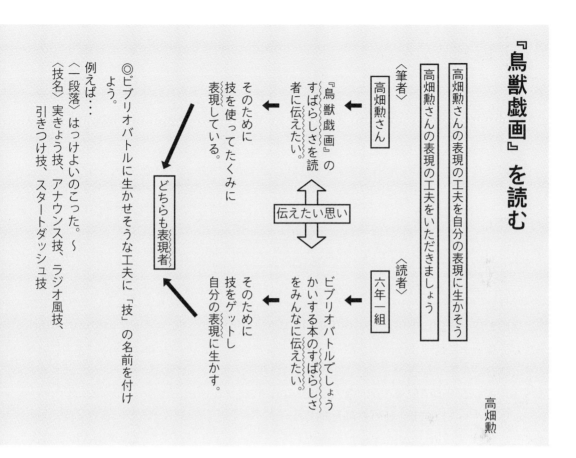

3 生かせる工夫に「技」名を付ける

自分たちにも使えそうな工夫に「技」の名前を付けてみよう。

高畑勲氏の表現の工夫の中で、自分たちの表現に生かせそうな内容のものに「〜技」といった名前を付ける。

4 「技」が使える場面を話し合う

「技」はどのようなときに使えるのか話し合おう。

ビブリオバトルのプレゼンテーションにおいて、どのようなシチュエーションでその「技」が活用できそうなのかを話し合う。

【編著者紹介】

全国国語授業研究会

筑波大学附属小学校国語研究部のメンバーを中心にして1999年に発足。

授業者の、授業者による、授業者のための国語授業研究会。

年１回の夏の大会には全国から多数の参加者が集まり、提案授業をもとに歯に衣着せぬ協議が行われる。

季刊誌『子どもと創る「国語の授業」』（年４回発行）、『国語実践ライブラリー』（2001）、『読解力を高める』（2005）、『小学校国語科活用力シリーズ』（2008）、『国語授業力シリーズ』（2010）、『読解力を育てる』（2011）『読解力を高める　表現力を鍛える　国語授業のつくり方』（2012）『論理的思考力を育てる国語授業』（2013）『論理的思考力を高める授業―教材研究実践講座―』（2014）『新教材の教材研究と授業づくり―論理的思考力を育てる国語授業―』（2015）『子どもと創る　アクティブ・ラーニングの国語授業―授業者からの提案―』（2016）『国語授業における「深い学び」を考える』（2017）（以上、東洋館出版社）などを通して、国語の授業力を世に問い続けている。

■執筆者（執筆順）2018 年 7 月現在

Ⅰ章

青木　伸生（筑波大学附属小学校）………… 提案授業（文学「大造じいさんとがん」）、座談会

白坂　洋一（筑波大学附属小学校）………… 提案授業（説明文「笑うから楽しい」）、座談会

青山　由紀（筑波大学附属小学校）………… 座談会

桂　　　聖（筑波大学附属小学校）………… 座談会

弥延　浩史（筑波大学附属小学校）………… 座談会

Ⅱ章

林　　真弓（東京都・杉並区立済美教育センター）…「たぬきの糸車」P38-43

藤田　伸一（小学校教員）………………………「いろいろなふね」P44-49

沼田　拓弥（東京都・世田谷区立玉川小学校）………「お手紙」P50-55

岩立　裕子（神奈川県・小田原市立曽我小学校）……「たこのすみ　いかのすみ」P56-61

安達真理子（立教小学校）…………………………「モチモチの木」P62-67

立石　泰之（福岡県教育センター）………………「おにたのぼうし」P68-73

髙橋　達哉（山梨大学教育学部附属小学校）…………「すがたをかえる大豆」P74-79

野中　太一（暁星小学校）……………………………「ごんぎつね」P80-85

江見みどり（晃華学園小学校）………………………「世界でいちばんやかましい音」P86-91

梅田　芳樹（学習院初等科）………………………「ウミガメの命をつなぐ」P92-97

大澤八千枝（広島県・三次市立十日市小学校）………「大造じいさんとガン」P98-103

倉田　浩子（三重県・四日市立川島小学校）………「注文の多い料理店」P104-109

田中　元康（高知大学教育学部附属小学校）…………「和の文化を受けつぐ

　　　　　　　　　　　　　　　　　　　　　　　　　―和菓子をさぐる」P110-115

溝越　勇太（東京都・立川市立第六小学校）…………「海の命」P116-121

小菅　克己（神奈川県・小田原市立富水小学校）……「きつねの窓」P122-127

大江　雅之（青森県・八戸市立桔梗野小学校）………「『鳥獣戯画』を読む」P128-133

定番教材で考える「深い学び」をうむ国語授業

2018（平成30）年 8 月10日　初版第 1 刷発行
2019（平成31）年 2 月 4 日　初版第 2 刷発行

編　著　者：全国国語授業研究会・筑波大学附属小学校国語研究部
発　行　者：錦織　圭之介
発　行　所：株式会社　東洋館出版社
　　　　　　〒113-0021　東京都文京区本駒込 5 丁目16番 7 号
　　　　　　営業部　電話03-3823-9206　FAX03-3823-9208
　　　　　　編集部　電話03-3823-9207　FAX03-3823-9209
　　　　　　振替　00180- 7 -96823
　　　　　　URL　http://www.toyokan.co.jp
デザイン・印刷・製本：藤原印刷株式会社
カバーデザイン：mika

ISBN978- 4 -491-03568-0
Printed in Japan

定期購読、複数年申し込み割引のご案内

子どもと創る「国語の授業」

全国国語授業研究会・筑波大学附属小学校国語研究部　企画・編集

B5判／64ページ
税込定価 780円
年4回発行（2・5・8・11月）

ご希望のお届け先に、送料無料で毎号発送!!
複数年でお申し込み頂くと、ますますお得です！

1年間 定期購読	3,120円	本誌1冊 780円×4回 =3,120円	送料無料
2年間 定期購読	通常価格 6,240円 ➘	5,616円	送料無料＆ 本誌10%OFF
3年間 定期購読	通常価格 9,360円 ➘	7,956円	送料無料＆ 本誌15%OFF

※上記割引は、東洋館出版社のホームページでお申し込み頂いた場合に限ります。

【お申し込み方法】

● 東洋館出版社のホームページから、お申し込みください。
　① トップ画面・ページ左側のメニューから、「定期購読お申し込み」をクリック
　② 雑誌の定期購読のお申し込みのページをスクロールし、
　　『子どもと創る「国語の授業」』からご注文下さい。（クレジットカード決済）

QRコードを読み込むと定期購読お申し込みページにアクセスします⇒
www.toyokan.co.jp/subscription/

がんばる先生を応援します！　**東洋館出版社**

〒113-0021　東京都文京区本駒込5丁目16番7号
TEL: 03-3823-9206　FAX: 03-3823-9208
URL: http://www.toyokan.co.jp